山西省高等教育"1331工程"提质增效建设计划
服务转型经济产业创新学科集群建设项目系列成果

国家自然科学基金项目（72003111）资助

乡村振兴战略与产业生态化实现——理论、技术与案例

王国峰 ◎ 著

Rural Revitalization Strategy and the
Realization of Industrial Ecology：Theory,

TECHNOLOGY
AND CASE

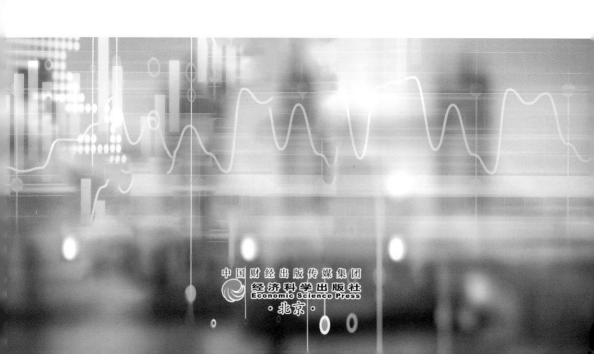

中国财经出版传媒集团
经济科学出版社
Economic Science Press
·北京·

图书在版编目（CIP）数据

乡村振兴战略与产业生态化实现：理论、技术与案
例／王国峰著．--北京：经济科学出版社，2024.1
ISBN 978-7-5218-5596-8

Ⅰ.①乡…　Ⅱ.①王…　Ⅲ.①乡村-农业产业-产业
发展-生态化-研究-中国　Ⅳ.①F323

中国国家版本馆 CIP 数据核字（2024）第 033142 号

责任编辑：杜　鹏　常家凤
责任校对：郑淑艳
责任印制：邱　天

乡村振兴战略与产业生态化实现
——理论、技术与案例
XIANGCUN ZHENXING ZHANLÜE YU CHANYE SHENGTAIHUA SHIXIAN
——LILUN，JISHU YU ANLI

王国峰　著

经济科学出版社出版、发行　新华书店经销
社址：北京市海淀区阜成路甲 28 号　邮编：100142
总编部电话：010-88191217　发行部电话：010-88191522
网址：www.esp.com.cn
电子邮箱：esp@ esp.com.cn
天猫网店：经济科学出版社旗舰店
网址：http：//jjkxcbs.tmall.com
固安华明印业有限公司印装
710×1000　16 开　13.75 印张　240000 字
2024 年 1 月第 1 版　2024 年 1 月第 1 次印刷
ISBN 978-7-5218-5596-8　定价：78.00 元
（图书出现印装问题，本社负责调换。电话：010-88191545）
（版权所有　侵权必究　打击盗版　举报热线：010-88191661
QQ：2242791300　营销中心电话：010-88191537
电子邮箱：dbts@esp.com.cn）

山西省高等教育"1331 工程"提质增效建设计划
服务转型经济产业创新学科集群建设项目系列成果
编委会

总　序

　　山西省作为国家资源型经济转型综合配套改革示范区，正处于经济转型和高质量发展关键时期。山西省高等教育"1331 工程"是山西省高等教育振兴计划工程。实施以来，有力地推动了山西高校"双一流"建设，为山西省经济社会发展提供了可靠的高素质人才和高水平科研支撑。本成果是山西省高等教育"1331 工程"提质增效建设计划服务转型经济产业创新学科集群建设项目系列成果。

　　山西财经大学转型经济学科群立足于山西省资源型经济转型发展实际，突破单一学科在学科建设、人才培养、智库平台建设等方面无法与资源型经济转型相适应的弊端，构建交叉融合的学科群体系，坚持以习近平新时代中国特色社会主义思想为指导，牢牢把握习近平总书记关于"三新一高"的重大战略部署要求，深入贯彻落实习近平总书记考察调研山西重要指示精神，努力实现"转型发展蹚新路""高质量发展取得新突破"目标，为全方位推动高质量发展和经济转型提供重要的人力和智力支持。

　　转型经济学科群提质增效建设项目围绕全方位推进高质量发展主题，着重聚焦煤炭产业转型发展、现代产业合理布局和产学创研用一体化人才培育，通过智库建设、平台搭建、校企合作、团队建设、人才培养、实验室建设、数据库和实践基地建设等，提升转型经济学科群服务经济转型能力，促进山西省传统产业数字化、智能化、绿色化、高端化、平台化、服务化，促进现代产业合理布局集群发展，推进山西省产业经济转型和高质量发展，聚焦经济转型发展需求，以资源型经济转型发展中重大经济和社会问题为出发点开展基础理论和应用对策研究，力图破解经济转型发展中的重大难题。

山西省高等教育"1331 工程"提质增效建设计划服务转型经济产业创新学科集群建设项目系列成果深入研究了资源收益配置、生产要素流动、污染防控的成本效益、金融市场发展、乡村振兴、宏观政策调控等经济转型中面临的重大经济和社会问题。我们希望通过此系列成果的出版，为山西省经济转型的顺利实施作出积极贡献，奋力谱写全面建设社会主义现代化国家山西篇章！

编委会
2023 年 6 月

前　言

　　党的二十大报告提出，全面建设社会主义现代化国家，最艰巨最繁重的任务仍然在农村，要全面推进乡村振兴，需坚持农业农村优先发展，加快建设农业强国。乡村振兴的实现离不开产业兴旺，而产业兴旺又与产业生态化发展紧密连接在一起。本书将从理论、技术与案例三个视角展开研究，探索实现乡村产业生态化之路。其中理论篇着重从乡村振兴、产业兴旺、产业富民以及产业生态化几个模块之间的理论连接机制展开；技术篇从农业碳排放、甲烷（CH_4）排放、氧化亚氮（N_2O）排放等视角出发，给出产业绿色化实现路径；案例篇从有机旱作和农户采纳视角入手，探索农业绿色转型之路，本书旨在为乡村振兴产业生态化发展提供借鉴。

　　本书得到山西省高等教育"1331 工程"提质增效建设计划服务转型经济产业创新学科集群建设项目，以及国家自然科学基金项目"资源－环境双重约束下流域农业生态效率研究：空间格局、溢出效应及影响因素"（72003111）的资助。

王国峰

2024 年 1 月

目　录

第一篇　理论篇

第二篇　技术篇

第三篇 案例篇

第一篇　理论篇

第一章 乡村振兴、资源利用与城乡融合发展

　　绿水青山就是金山银山，是中国共产党人经过百年的发展实践提出的中国生态文明发展重要理念，是对经济发展与生态保护之间辩证统一关系的生动表述，是为世界可持续发展提供的中国方案（王国峰等，2023）。乡村作为绿水青山的重要载体，是绿水青山资源的集散地，乡村振兴战略必须践行绿水青山就是金山银山的理念（叶兴庆，2021）。中国社会主义建设迈入了第二个百年奋斗目标，"小康不小康，关键看老乡"，小康社会和现代化国家建设的基础在农业、难点在农村、关键在农民（燕继荣，2020）。为此，在乡村振兴战略框架下，厘清资源利用、城乡融合发展与产业富民的框架、挑战和政策方向至关重要。从研究需求来看，加速实现乡村振兴，需要优化资源利用布局，明晰乡村一二三产业融合路径，甄别富民产业体系方案。

第一节 资源利用与城乡融合发展的相关理论

　　资源的概念源于经济学科发展。资源是创造一切人类财富的统称，同时，由于许多资源是人类创造出来的，因而是自然界、人类和文化（科学技术）结合的产物。资源是一个动态的历史范畴，伴随着人类认知与利用水平的深入，资源演变态势逐步呈现出从自然资源向实物资源演变、从生活资源向生产资料扩展、从实物资源拓展到非实物资源等特质（戴波，2010）。长期以来，围绕自然资源及其分类，形成了多种认知。《英国大

百科全书》指出，人类可以利用的自然生成物以及生成这些成分的环境要素统称为资源。联合国教科文组织提出，自然资源是从自然环境中得到的，能够被人类利用的任何东西。联合国环境规划署（UNDP）指出，自然资源是指在一定的时间、地点与技术水平等条件下，能够产生出经济价值，用来提供人类当前以及未来福利水平的自然因素和条件的物质。自然资源是人类可以利用的，人类赖以生存与实现发展的物质基础，自然资源包括土地、水、矿产、生物、气候和海洋六大资源。与资源相关的研究受到政治、经济、社会、文化等领域广泛关注，针对性的研究逐步发展成为资源配置、资源依赖等理论。关于资源利用的具体理论论辩围绕着效率与公平展开，凝结了效率优先论、公平优先论、效率与公平兼顾论（李福安，2005；王倩和高翠云，2016）。马克思在《资本论》中指出，劳动生产力的提高是以缩短生产某种产品的社会必要劳动时间实现的，从这个理念来看，效率是以更短的社会劳动时间创造出更大的资源价值的过程（马克思，2004）。阿瑟·奥肯认为，效率表征着从既定的投入中获得最大的产出，资源利用效率更多地需注重有效配置（钟文，2021）。公平涉及的概念较广，既包括代际内的公平，也包括代际间的公平（罗知等，2018）。代际内的公平是资源利用权利的平等、机会的平等，代际间的公平是资源在当代和后代人利用机会上的平等，依据辨识效率的不同标准，在学术争鸣中出现了帕累托最优、不可能定理、庇古理论和卡尔多—希克斯理论以及萨缪尔森检验等（汪良军和童波，2017；李玉恒等，2018）。

从全球来看，城乡关系转变是发展中国家都要面临的现实挑战，中国也不例外（张海鹏，2019）。中华人民共和国成立以来，城乡关系伴随着社会主义事业发展逐步发生改变，不同阶段的城乡关系推动了国家现代化建设，城乡关系在经历了"以乡支城""以城带乡"等发展阶段之后，正在迈入"城乡融合"阶段（刘彦随，2018）。马克思、恩格斯应用历史唯物主义方法论，揭示了城乡关系分离—对立—融合的历史趋势（张克俊和杜婵，2019）。城乡日趋分离是生产力与生产关系作用的结果，伴随着生产力的提高，城乡之间的关系会逐步从分离对立走向融合，只有实现城乡融合，才能促进人的全面发展（龙华楼和屠爽爽，2017）。城乡融合是立足于社会主义特色破解主要矛盾的必由之路，在发展过程中糅合了历史趋势、价值取向和终极目的。

第二节 资源利用、城乡融合发展与产业富民的研究框架

产业富民与乡村产业发展是密不可分的，实现 2035 年乡村振兴农业农村现代化战略目标任务，产业发展是基础（秦中春，2020）。1990 年，习近平在《走一条发展大农业的路子》中系统地阐述了"大农业观"，指出大农业是朝着多功能、开放式、综合性方向发展的立体农业。资源利用、城乡融合发展与产业富民框架的顶层目标是效率提升、效果改善和效能优化，其发展过程中涉及多尺度模型模拟、多要素机理分析、多过程作用反演与多维度路径探索（邓祥征等，2020）。

一、资源保障及其利用效率提升

资源保障是城乡融合与产业富民的基础与起点。张培刚在《农业与工业化》指出，粮食是工业、商业以及其他经济活动区位确定的主要因素。随着技术变革以经济条件改变，其他资源部分取代了粮食在资源方面的定位，但无论是工业革命以前还是以后，粮食资源都起着举足轻重的作用（陈志钢等，2019）。乡村作为粮食生产的关键区域，其首要资源保障功能为农产品供给保障功能（高静和王志张，2019）。中华人民共和国成立以来，得益于国家对粮食生产的支持政策，我国粮食保障能力得到了稳步提升。伴随着生活水平的提高，人民美好生活需要更高质量农产品，这也对乡村资源保障提出了新的命题，不仅要保障数量，更要保障质量，生产出满足人民需求的产品（黄少安，2021）。针对乡村振兴战略，资源保障涉及的资源项内容多样，包括劳动力、资本、水、土等核心要素项，更包括技术、虚拟水、虚拟土、隐含碳等资源，这些都是乡村振兴实现过程中不可或缺的资源项（陈志刚等，2020）。效率提升是资源保障的核心要

义，厘清乡村振兴不同资源保障之路是框架的首要目标。"效率"本身是一个复杂、动态的概念，其管理学角度概念是在特定时间内，各种投入资源与产出之间的比率关系，效率与投入成反比，与产出成正比（姜长云，2018）。乡村振兴资源利用效率提升由供给与需求双向维度构成。供给侧效率提升朝着高质量农产品迈进，高效推动农业产业转型，走出一条标准化、规模化和绿色化路径，在转型过程中，将资源利用效率提升作为首要目标。需求侧效率提升朝向一二三产业融合，推动生产要素在产业间、区域间以及农业主体之间的优化配置，提升乡村资源保障能力，在粮食安全、营养安全、资源环境约束等多重目标下发展中国体系与中国方案。

二、城乡融合发展及其效果改善

城乡融合是资源保障与产业富民的路径。《中共中央 国务院关于建立健全城乡融合发展体制和政策体系的意见》中指出，城乡融合发展是乡村振兴和农业农村现代化的必由之路。乡村振兴离不开各类资源及要素，城乡融合以城乡要素自由流动、平等交换和公共资源的合理配置为表征，通过融合重构城乡之间的关系（张克俊和高杰，2020）。城乡融合发展是破除城乡差距矛盾的主要推手，也是农业现代化的重要标志（周立等，2018）。效果改善是城乡融合的重要议题，城乡融合没有模板，尤其是在自然禀赋差异较大及发展不均衡的省份，需针对区域发展特征，厘清城乡融合短板，破解资源与要素之间的不等价藩篱。效果改善是针对掣肘城乡一二三产业融合约束，着力变革长期不均衡的资源配置方式，开展融合效果评价，探索资源统筹管理，盘活资源的方式与方法（朱晶等，2021）。

三、产业富民策略及其优化管理

产业富民优化管理蕴含着空间与时间概念，产业富民的实现是系统性工程，产业富民是要趋向富民收敛的函数，其收敛内涵囊括土地产权制度改革、农民增收福祉以及农业产业创新等要义。产业富民优化管理需激活主体内生动力，富民产业的推广与采纳影响因素诸多，其中农户主体的认知与感知影响最大，尤其是农户作为采纳主体对产业风险的偏好。主体在受教育水平、家庭结构等特征影响下，对富民产业是否采纳产生决策，为此，需要对其认知与感知进行干预。产业富民优化管理需要激发主体动力，优化管理是对乡村的生产、生活、生态空间的优化，涉及产业生产与再生产问题，需要乡村主体产生行动的欲望或渴望。

四、资源利用、城乡融合发展与产业富民的研究框架

资源利用、城乡融合发展与产业富民框架如图 1 - 1 所示，针对"三农"问题与乡村振兴相关的重点与难点问题展开，集中就乡村振兴中的资源利用效率提升与农业生产优化管理、城乡融合发展与农村环境改善、农村产业融合及其转型发展等内容拓展，分析"绿水青山"提质增效—富民政策—环境要素—产业布局—农民增收因果链及效率传导机制，实现从实证与理论结合、从案例分析到方法总结、从模型模拟到政策仿真的跨越，包括指标、方法、系统工具的原创性突破。具体来看：在农业生产系统效率评价方面，明晰乡村振兴背景下的资源利用系统效率提升的核心内涵，确立评价框架，创新资源利用优化管理的指标、方法、模型和技术体系，提升农业生产体系与经营体系现代化水平，以促进农业的高质量高效能发展；在城乡融合发展效果评估方面，集成城乡融合发展的效果评估、机制解析与模拟平台，探索城乡融合发展中资本及资源要素双向流动与优化配置、县域城镇化发展与城乡经济循环畅通、城乡用地功能化管控与农村环境改善等路径及保障制度；在产业融合发展效能优化提升方面，结合国家碳中和目标、碳减排和气候变化应对等背景，基于产业生态化、生态产业化等要求，探索耕地转化、土地生产力提升、农业景观多样性保育和生物质能开发等乡村振兴产业兴旺发展与农民增收策略，为解决"三农"问题及践行乡村振兴战略提供决策支持。

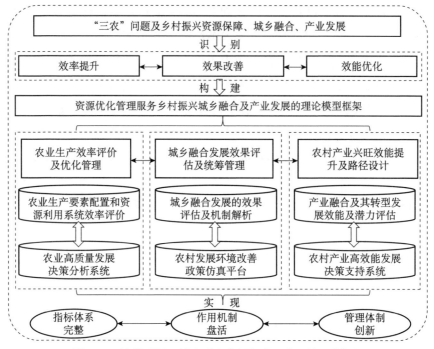

图 1-1　资源利用、城乡融合发展与产业富民的研究框架

第三节　资源利用、城乡融合发展
与产业富民的形势

　　我国在资源利用体系、城乡融合体系服务于产业富民体系上仍然存在挑战。从 1949 年中华人民共和国成立，到 1978 年改革开放，再到 2020 年全面建成小康社会，中国解决了 14 亿人的粮食安全问题，中国的资源保障能力得到了长足的进步。2020 年中央农村经济工作会议明确强调"要牢牢把握粮食安全主动权，粮食生产年年要抓紧"，无论是粮食供给的"十九连丰"，抑或是生产要素效率和技术效率水平等的大幅度提高，资源在确保生产能力中起着重要支撑作用，资源利用、城乡融合发展以及产业富民体系正在朝着农业现代化迈进。《中华人民共和国国民经济和社会发展第十四个五年规划和 2035 年远景目标纲要》对粮食综合生产能力明确了约束性指标，粮食产能要确保在 1.3 万亿斤以上，这体现着综合保障能力的提升。同时，伴随着耕地资源增长空间有限，劳动力有效供给不足以及水资源等约束趋紧，中国在资源利用、城乡融合发展实现产业富民体系上也面临着多方面的挑战。

一、耕地数量增长空间有限，质量提升挑战大

农作物播种面积呈现先增长后下降态势，耕地数量增长空间有限。2022 年全国粮食播种面积 177 498 万亩，比 2021 年增加 1 052 万亩，[①] 2023 年粮食播种面积 178 453 万亩，比 2022 年增加了 955 万亩，[②] 虽然耕地面积逐年扩大，但是依托传统的增加土地面积来增产的路径已很难实现，可开发为耕地资源的土地资源极为有限。

耕地质量提升挑战巨大。在双循环格局下，"两种资源，两个市场"的国外粮食资源供给不确定性加剧，对耕地资源提高产能、改善耕地质量的需求愈显迫切。中国人多地少的矛盾导致农业长期采取高投入、超负荷运转，从各省份的农用化肥折纯量来看，粮食主产区化肥施用量仍然维持在较高水平，其中河南、山东等农业大省农用化肥折纯量更是超过了 300万吨，由此土壤肥力退化严重，有机质含量低，地力相对较差等问题的破解需要较长周期，质量提升挑战加大。

二、劳动力资源有效供给不足

城乡发展不平衡加剧了劳动力流向城镇，农村劳动力供给数量不足。中国快速城镇化建设的同时，资源不断集聚，进城务工成为农民增加收入的重要途径，农村青壮年劳动力加速涌入条件更加优越的城市。农村"老龄化""空心化"问题加剧，"谁来种地"成为热点"三农"工作的议题。第七次全国人口普查公报显示，居住在城镇的人口占比为 63.9%，居住在

---

① 国家统计局关于 2022 年粮食产量数据的公告，https：//www.stats.gov.cn/xxgk/sjfb/zxfb2020/202212/t20221212_1890928.html。

② 国家统计局：2023 年粮食播种面积增长 0.5%，粮食总产量增长 1.3%，https://finance.sina.com.cn/jxw/2023－12－11/doc-imzxrchy7600011.shtml？cref=cj。

乡村的人口占比为 36.11，① "70 后"是农村种地的主力军，劳动力数量的供给不足导致耕地撂荒问题严峻。

农村劳动力供给质量较低，农民对科学技术、农业机械的掌握难以达到现代化农业需求。农民是农业现代化的重要推动者，新型职业农民能够主动适应农业生产和产业发展需求，但从发展实际情况看，新型职业农民存量和流量均显不足。此外，机械总动力在不同省份发展存在较大差异，2022 年，全国农业机械总动力为 110 597.1 万千瓦时，② 山东、河南等农业生产大省的农业机械总动力水平要远远高于宁夏、青海等省份，加之农村劳动力对新型机械化掌握的能力与速度都比较低，难以满足农业现代化需要。

三、水资源空间分布不均，农业多种资源利用效率低下

中国国土幅员辽阔，气候类型多样，资源分布存在空间异质性。2020 年，全国水资源总量为 31 605.2 亿立方米，③ 居世界前列，但是人均水资源量远远达不到世界平均水平。农业作为我国水资源利用的"大户"，其用水占用水总量的 62.1%。水资源与土地资源在空间上的不匹配问题严峻，对资源利用、城乡融合发展和产业富民造成挑战。2020 年，我国农田灌溉水有效利用系数为 0.617，与发达国家的 0.7 ~ 0.8 的水平相比有较大提升空间，如表 1 - 1 所示。

表 1 - 1 　　　　　2020 年农业用水量及农田灌溉水有效利用系数　　　单位：立方米

地区	用水总量	农业用水量	农田灌溉水有效利用系数	地区	用水总量	农业用水量	农田灌溉水有效利用系数
全国	5 812.9	3 612.4	0.565	河南	237.1	123.5	0.617
北京	40.6	3.2	0.75	湖北	278.9	139.1	0.528
天津	27.8	10.3	0.72	湖南	305.1	195.8	0.541
河北	182.8	107.7	0.675	广东	405.1	210.9	0.514
山西	72.8	41	0.551	广西	261.1	186.9	0.509

---

① 第七次全国人口普查公报，https：//www. gov. cn/guoqing/2012 - 05/13/content_ 5606149. htm。
② 国家数据，https：//data. stats. gov. cn/easyquery. htm？cn = C01。
③ 中国水资源公报 2020，http：//szy. mwr. gov. cn/gbsj/index. html。

续表

地区	用水总量	农业用水量	农田灌溉水有效利用系数	地区	用水总量	农业用水量	农田灌溉水有效利用系数
内蒙古	194.4	140	0.564	海南	44	33.4	0.572
辽宁	129.3	79.6	0.592	重庆	70.1	29	0.504
吉林	117.7	83	0.602	四川	236.9	153.9	0.484
黑龙江	314.1	278.4	0.613	贵州	90.1	51.8	0.486
上海	97.5	15.2	0.738	云南	156	110	0.492
江苏	572	266.6	0.616	西藏	32.2	27.4	0.451
浙江	163.9	73.9	0.602	陕西	90.6	55.6	0.579
安徽	268.3	144.5	0.551	甘肃	109.9	83.7	0.57
福建	183	99.7	0.557	青海	234.3	17.7	0.501
江西	244.1	161.9	0.515	宁夏	70.2	58.6	0.551
山东	222.5	134	0.646	新疆	570.4	46.2	0.57

资料来源：中国水资源公报，http：//szy. mwr. gov. cn/gbsj/inedx. html。

第四节　资源利用、城乡融合发展与产业富民的趋向

资源利用、城乡融合发展与产业富民是有机结合体，三者之间互为支撑、互为前提。资源利用是城乡融合与产业富民的基础与起点，产业富民是资源利用与城乡融合的目的。

一、资源利用效率提升从单要素向多要素跃迁

资源保障是涉及乡村振兴全链条的保障，资源保障涉及资源项内容多样，包括劳动力、资本、水、土地等核心要素项，更包括技术、虚拟水、虚拟土、隐含碳等资源。资源利用效率提升需要从单要素向多要素跃进，分区（产业区、生态区）、分类（特色型、推进型）、分点（集中突破点、暂缓推进点）推进，着力提升山水林田湖草全要素利用效率。乡村振兴的实施需优化农村生产、生活与生态空间，精准识别乡村资源本底，聚焦乡村发展现状和功能定位，突出前瞻性、合理性与统筹性，合理划定要素效

率跃迁轨道，甄别要素变化的拐点，充分发挥国土空间规划对发展的引领作用，因地制宜探索资源利用效率提升模式和路径。此外，需加强挖掘农村资源潜力，推进土地资源集约利用，盘活农村闲置土地，优化城乡土地资源，加大对于"空心村"改造力度，开展土地资源整合整治，围绕土壤改良、地力培育、保水保肥、控污修复等方面，破解水资源时间和空间上约束，提高耕地生产保障能力，加强土地流转实现农村土地资源"腾笼换鸟"，盘活农村闲置房屋与闲置土地，迅速推进"小县大城"建设，推进人口集聚，用系统观念推进自然资源高效利用，进一步释放土地、水、林等要素资源的潜力。

二、城乡融合发展从粗放向精益改进

推动城乡产业融合，需深度实现产业兴旺，加速一二三产业发展。在产品层，纵向延长农业产业链，打造农产品生产、加工以及衍生品制造一条龙产业链条，提升农业附加价值。在产业层，调整农业生产结构，生产更多高质量农产品，迎合人民对于美好生活需求的农产品，推动农业技术创新，加大对于农业技术创新引导，注重因地制宜农业机械创新激励，利用新型信息化技术，不断完善现代农业体系。在保障层，推动城乡基础设施均等化，实现城乡共同发展，完善乡村垃圾处理体系，加快乡村基础设施建设，推广绿色生活、生产理念。在文化层，整合乡村文化优势，推动城乡文化融合，保护与传承乡村优秀文化，搭建城乡文化交流平台，加强城乡之间生活、文化方面的交流，更好地促进城乡融合效果从粗放走向精益。在要素层，畅通城乡要素流通渠道，让更多的农村优质产品能够流向城市，让更多的城市资本注入乡村，优势互补。

三、产业富民从例行管理向综合服务迈进

产业富民的实现要注重农业产业发展中的带动作用，按照"宜农则农、宜牧则牧、宜旅则旅"原则，树立大农业发展观，注重产业富民的示范带动效应，识别出富民发展路径的制约因子，提出富民示范工程/示范点构建

方案，探索出独具特色的产业富民效能优化之路。从管理走向服务，不仅是管理策略的变化，更是对为谁服务、提供什么样的服务等问题的思辨，优质的产业富民服务是为农民提供有选择的服务。面对不同的农户，其需求可能存在较大差异，应了解在产业富民道路上的缺项，做好"科技套餐"配套，梳理积极参与新兴产业转型，精心设计有效服务，驱动自我发展内生渴望，开展绩效评价，诊断"产业富民"发展过程中的短板，诊断脆弱性与恢复力，识别弹性、阈值与拐点，为路径识别及评估提供科学判据，制定产业富民蓝图。

第二章　乡村振兴与粮食安全

《中华人民共和国国民经济和社会发展第十四个五年规划和 2035 年远景目标纲要》指出，提高农业质量效益和竞争力，夯实粮食生产能力，保障粮、棉、油、糖、肉、奶等重要农产品供给安全，为粮食安全提供了新的方向与要求，到 2025 年，中国粮食综合生产能力要超过 6.5 亿吨。2022年，中国粮食总产量实现"十九连丰"，粮食总量的增长为粮食安全提供了重要保障，全国人民"吃得饱"的问题已经全部得到解决，但如何"吃得健康"成为人民更加关注的议题。中国发展进入了新阶段，在新发展理念的指引下，人民对于美好生活的需求愈显迫切，健康、安全的饮食构成美好生活的重要组成部分（王钢等，2019），保障国民营养安全导向下的粮食安全成为国家下一步需要重点关注的方向。

联合国粮农组织（FAO）指出，中国有 3 亿人处于"隐性饥饿"之中，也就是大约 5 个人中就有 1 个是隐性饥饿者。《中国居民膳食指南科学研究报告（2021）》显示，中国营养保障和供给能力显著增加，人民健康水平持续提升，农村 5 岁以下的儿童生长迟缓发育率明显下降，这些成果无一不彰显着中国共产党建党百年来在居民膳食与营养健康状况方面取得的成效，但是也需要清晰地认识到膳食不平衡问题凸显，高油高盐摄入仍然普遍存在，全谷物、深色蔬菜、奶类、水果以及鱼虾等摄入普遍不足，城乡发展营养"鸿沟"存在，农村食物系统有待改善，婴幼儿以及老年人等重点人群的营养健康问题依然严峻（杜志雄等，2021）。"十四五"时期中国面临的外部政治经济环境将更加复杂，以国内大循环为主体、国内国际双循环的新发展格局是应对百年未有之大变局的重大举措（杨明等，2020），探求营养目标导向下的中国粮食安全方案已经成为国家可持续发展重要议题（司伟等，2020）。

第一节　营养目标导向下粮食安全的内涵特征

一、粮食安全的内涵

粮食安全一直是学术界研究的热点。自20世纪70年代提出以来，粮食安全概念逐步发展演化，1974年，联合国粮食及农业组织（FAO）提出，粮食安全是在农产品价格极度不稳定的背景下保障粮食供给数量，为此，维持粮食稳定是粮食安全的核心要义，粮食安全突出强调粮食总供给安全。到20世纪80年代，粮食安全的概念拓展到除所有食物数量满足需求外，也将时间、空间等动态维度纳入其中（孙倩等，2019），认为粮食安全是发展变化的。国内学者则认为粮食安全囊括了粮食的生产、储备、流通和消费多个环节，也就是粮食产业全链条安全（曹宝明等，2021）。同时，在粮食供应充足的前提下，保证食物结构安全成为粮食安全的核心要义（陈秋分等，2021）。

国家统计局指出，2020年，中国主粮作物自给率超过95%，库存消费比率也远远高于联合国粮农组织给出的17%~18%的指导线，已经达到了"谷物基本自给，口粮绝对安全"的目标。然而，随着人们生活水平的提高，营养目标导向下的粮食安全面临着较大挑战，特别是在实现乡村振兴战略的进程中。国民膳食结构与饮食正在发生着巨大变化，城乡之间的食物消费量差距明显，农村除了粮食消费之外，其他诸如蔬菜、奶制品、水产品等的消费要明显低于城镇水平（罗万纯，2020），肉类以谷物为主的膳食结构逐步转变为以谷物、肉类和蔬菜多样化的需求融合的需求结构，2014~2019年，农村居民主要食品粮食消费量从167.6公斤/人下降到154.8公斤/人，肉类消费量从22.5公斤/人上升到24.7公斤/人，蛋类、奶类和水产品消费量分别上升3.4公斤/人、0.9公斤/人和0.9公斤/人，干鲜瓜果类消费量上升幅度最大，从 30.3 公斤/人上升到 43.3 公斤/人。①
"十四五"期间，为提升国民身体素质，需要更加多样化营养搭配，肉类、
蔬菜、蛋类、奶类等的消费量会明显增加，这一趋势与全球发展中国家的
消费变动趋势是一致的（唐宇驰和万芳，2021）。

二、营养目标导向下粮食安全的特征要求

高质量发展已经成为中国的主题与主线，社会主要矛盾已经转化成为
人民日益增长的美好生活需要和不平衡不充分的发展之间的矛盾。农业生
产过程中高值农业占比不断攀升，正在逐步从传统的劳动密集型、土地密
集型生产转型为资本密集型、技术密集型生产。营养目标导向下的粮食安
全是在粮食生产与资源环境相互耦合的基础上，食物需求趋向多元化、营
养化，遴选出农业产业生态化与生态产业化的路径，走出一条绿色可持续
发展的道路。

营养目标导向下粮食安全需要以多样化目标为指引。传统的高投入、
高消耗、高产出的路径已经不能适应营养目标导向的需求，需要定制科学
的指引目标。中国居民膳食消费结构正在逐步从粮食、蔬菜等产品的需求
向动物产品、水果等食物转变，为此，以保量为主的粮食安全观需要逐步
转向数量和质量保障的粮食安全观，也就是营养目标导向下的粮食安全
观。统筹生态环境保护目标与粮食多样化需求目标，在新时代"人地和
谐""健康生活"理念指引下，探求人与自然之间的和谐相处之道，开展
空间分异的精细化营养目标导向下粮食安全需求定制方案，妥善处理好资
源环境约束、粮食产量与营养健康之间的权衡关系，实现农业的低碳化
转型。

生产端，聚焦"数量均衡""质量均衡""效能均衡"。传统的粮食安
全更多聚焦在"数量均衡"，通过增加粮食产量来提升粮食供给能力，保障
人民生活必要的生产生活物资，但粮食增产空间越来越小。在营养目标导
向下，粮食安全生产端被赋予了更多的内涵。首先，粮食安全的底线是数

---

① 国家数据，https：//data. stats. gov. cn/easyquery. htm？cn = C01。

量（总量）保障方面，维护粮食安全的首要使命仍然是保障"数量均衡"（成升魁等，2018），特别是我国是人口大国，一定要让人民能够"吃饱"。其次，生产端"质量均衡"，虽然经历了农业供给侧结构性改革，但是多年来形成的小麦、水稻等口粮作物供大于求的供给状况未得到根本性的改变，满足人民美好生活需要的优质农副产品数量远远不足，优质产品对国外依赖性较大，乃至人民对于优质、绿色农产品的需求缺口较大、价格较高，营养导向下"质量均衡"需要对国民营养的合理粮食、蔬菜、肉类等生产结构和空间均衡。再次，生产端"效能均衡"，效能理念中包含的效力、效率以及功效三个概念，粗放的生产方式所带来土壤中农药、化肥等残留严重，提升土地产出效力和效率，改善土地单位产能，实现全要素生产率攀升，土壤板结、盐碱化等威胁着粮食生产问题得到有效解决，实现"效能均衡"。

需求端，瞄定"结构均衡""营养均衡""绿色均衡"。农产品绿色消费已经成为消费的主流（金书秦等，2021），需求端"结构均衡"需要关注粮食、肉类、蛋白类等产品结构均衡。需求端"营养均衡"将更多以肉类、水果、蔬菜等组合形成健康的饮食体系，定制出更加适合中国人体质的营养均衡目录。需求端"绿色均衡"则将粮食安全的内涵拓展到康养、生态等内涵，厘清人民真正需要的绿色产品地图。

第二节　营养目标导向下的中国粮食安全面临的问题挑战

营养目标导向下粮食安全是全人类都需要慎重考虑的命题。到 2020 年，中国创造了人类历史上的伟大创举，解决了全国层面的绝对贫困。但是从全世界来看，2014 年以来，受到饥饿困扰的人数一直处于缓慢增加。2019年，全球受到饥饿困扰最多的是亚洲，总人数占比为 55.4%，如果这一情况持续下去，到 2030 年全球饥饿人数将突破 8.4 亿，预计到 2030 年，非洲将超过亚洲，成为饥饿人数最多的区域，达到总人数的 51.5%。[①]

---

① 粮农组织、农发基金、联合国儿童基金会、世界粮食计划署和世卫组织，2020：《2020年世界粮食安全和营养状况》，http：//www. fao. org/publications/sofi/2020/zh/。

　　"隐性饥饿"成为困扰全球各国的巨大难题，中国也不例外，营养目标导向下粮食安全问题亟待解决。2019 年，全球有 20 亿人要遭受饥饿或者没有办法获得正常的营养或者充足的食物，占到全球人口数量的 25.9%。《2020 年世界粮食安全和营养状况》指出，虽然世界各国都作出了巨大的努力，但是营养不良仍然维持在较高的水平，全球年龄在 5 岁以下的儿童中有 21.3% 受到发育迟缓的影响。营养不良发生率呈现逐年递减的趋势，但仍维持在较高的水平，2018 年，世界发生率为 8.9%，中国发生率为 2.5%（如图 2 - 1 所示），这意味着中国有超过 3 000 万人营养不良。

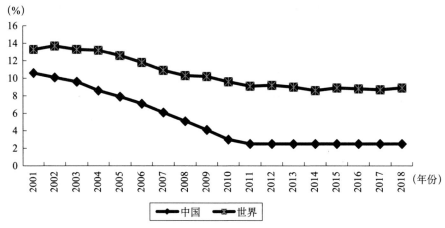

图 2 - 1　2001~2018 年世界和中国营养不良发生率

资料来源：联合国粮食及农业组织（FAO）。

一、人口增长、城镇化和农村劳动力有效供给不足

　　人口数量增长和结构变化对粮食安全提出了新需求。第七次全国人口普查结果显示，全国人口总数为 14.12 亿，自 2010 年以来保持低速增长态势，0~14 岁、15~59 岁和 60 岁以上人口分别上升 1.35 个、6.79 个和 5.44 个百分点，少儿和老年人口比重的增加需要更加合理的膳食结构。城镇化推进对粮食生产造成挑战，从全球发达国家城镇化的路径来看，随着人口数量的增加，越来越多的人口居住在城市，全球典型国家中包括美国、日本、德国以及法国发展在 1960 年城镇化率已经超过了 60%，中国 2019 年城镇化率为 60.31%；第七次人口普查显示，2020 年居住在城镇的人口占

63.89%，城镇人口上升了14.21%。从全球各国城镇化典型发展经验来看（如图2-2所示），城镇化水平将进一步提升，带动非农就业人数持续攀升。此外，加之农村劳动力数量与质量难以匹配营养目标导向下粮食安全的需求，特别是在生产过程中核心技能的缺乏，掣肘着新发展理念下的粮食安全保障。

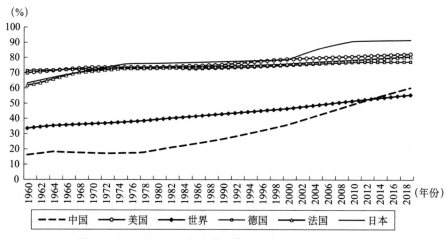

图2-2　1960~2019年全球及典型国家城镇化率发展水平

资料来源：联合国粮食及农业组织（FAO）。

二、收入增加和饮食需求变化

约翰·穆勒相互需求理论认为，人均收入水平的差异性显著地影响着人们的需求结构，城市与农村收入水平的提高，也会引起人民对饮食结构需求的变化（钟甫宁，2016）。2019年，多数省份农村人均可支配收入处于1万~2万元，城镇人均可支配收入处于3万~4万元，人均可支配收入的提高，会对优质产品的需求增加。

如表2-1所示，2013~2019年，全国人均食品消费量表现出粮食（原粮）消费减少，主粮作物（谷类）消费量从138.9千克下降到117.9千克，下降了15.12%，对于肉类、水产品、干鲜瓜果类和奶类消费量均呈现增长态势，分别增长了5.1%、30.77%、30.49%和6.84%，这些数字表明，中国居民的饮食结构正在发生着变化。

表2-1　　　　　　　2013～2019年全国人均食品消费量　　　　单位：千克

种类	2013年	2014年	2015年	2016年	2017年	2018年	2019年
粮食（原粮）	148.7	141	134.5	132.8	130.1	127.2	130.1
谷物	138.9	131.4	124.3	122	119.6	116.3	117.9
薯类	2.3	2.2	2.4	2.6	2.5	2.6	2.9
豆类	7.5	7.5	7.8	8.3	8.0	8.3	9.3
食用油	10.6	10.4	10.6	10.6	10.4	9.6	9.5
蔬菜及食用菌	97.5	96.9	97.8	100.1	99.2	96.1	98.6
肉类	25.6	25.6	26.2	26.1	26.7	29.5	26.9
禽类	7.2	8.0	8.4	9.1	8.9	9.0	10.8
水产品	10.4	10.8	11.2	11.4	11.5	11.4	13.6
蛋类	8.2	8.6	9.5	9.7	10.0	9.7	10.7
奶类	11.7	12.6	12.1	12.0	12.1	12.2	12.5
干鲜瓜果类	40.7	42.2	44.5	48.3	50.1	52.1	56.4
坚果类	3.0	2.9	3.1	3.4	3.5	3.5	3.8
食糖	1.2	1.3	1.3	1.3	1.3	1.3	1.3

资料来源：《中国统计年鉴（2020）》。

三、气候变化、土地和水等资源环境约束不断加大

气候变化会引致粮食的产量与质量发生变化，特别是会减少粮食中的营养元素。引起气候变化的罪魁祸首之一的 CO_2 排放就会对粮食营养产生影响，碳排放量的增加可能会引起小麦、水稻等主要粮食作物的营养成分减少，进而危害人民的身体健康，相较于 CO_2 浓度较低的环境，生长在 CO_2 浓度较高的环境下主要粮食作物中蛋白质、锌、铁等元素降低17%。土地资源和水等资源环境约束不断加大，化肥农药等在对粮食生产作出巨大贡献的同时，也冲击着土地环境健康，产生了巨大的环境成本，由于化肥的过度使用，粮食安全面临着土壤酸化、地表以及地下水污染严重等一系列问题，《全球环境展望6》报告指出，到2050年，全球人口将达到90亿～100亿，肉类生产对农业用地的利用率为77%，农业生产对全球水资

源的利用率为70%，为了满足人类需要，粮食需要增产50%。[①] 营养不良和消费模式的改变会受到土地资源更大的约束，加上气候生产条件等，使得营养目标导向下粮食安全结构调整难上加难。此外，水资源的稀缺加剧了粮食安全方面的担忧，2019年，中国农业用水61.2%，中国国土面积中有超过1/3的地区处于干旱半干旱自然气候，从水资源量和人均水资源量来看，中国的南北人均水资源量差异较大，部分区域或者省份，如北京市、天津市、河北省、宁夏回族自治区等营养价值高的高值农业提供区域人均水资源量在200立方米/人以下，属于极其缺水的区域，水资源的短缺会影响作物中营养元素的含量，对营养目标造成威胁。

四、更加频繁的价格飙升和波动

国际贸易是调节全球农产品供需余缺的重要手段，对于保障全球粮食安全具有重要作用（陈志钢等，2020）。伴随着世界经济下行压力增加，农产品国际贸易的保护政策层出不穷，不确定、不稳定因素的增加会打击市场主体参与国际贸易的积极性，导致国际贸易受挫，规模下降（顾善松等，2021）。实际上自第二次世界大战结束以来，人类一直面临世界范围内的粮食安全问题（安毅和高铁生，2013）。2019年，全世界有近7.5亿人面临重度粮食不安全，占世界总人口近1/10。[②]

受全球经济增长放缓和贸易摩擦升级影响，2019年全球货物贸易量下降0.1%，这是自2009年以来首次下降。[③] 全球大宗农产品处于下行周期，畜牧类、谷物等农产品价格波动下降，如图2-3所示。2021年3月，联合国粮农组织在《粮食展望》中指出，全球食品价格指数在2021年2月达到115.3，环比上升2.4%，已经连续第九个月上涨，并创下自2014年7月以

---

① UN Environment：《Global Environment Outlook 6》，UN Environment，https：//www. unep. org/resources/global-environment-outlook-6.

② 粮农组织、农发基金、联合国儿童基金会、世界粮食计划署和世卫组织，2020：《2020年世界粮食安全和营养状况》，http：//www. fao. org/publications/sofi/2020/zh/。

③ WTO，2020："Trade Profiles 2020"，https：//www. wto. org/english/res_ e/booksp_ e/trade_ profiles20_ e. pdf.

来的最高水平。[①]

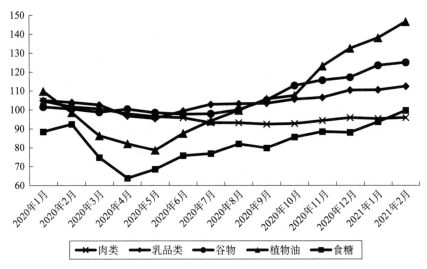

图 2 – 3 2020 年 1 月至 2021 年 2 月食用农产品实际价格指数

资料来源：联合国粮农组织（FAO，2021）。

公共安全事件和生态失衡引发的农产品贸易紧张局势，预示着农产品国际贸易格局的新一轮调整（张露等，2020）。此外，埃博拉病毒、非洲猪瘟、东非蝗灾等重大公共安全事件的频发更是进一步扰乱全球经济，粮食国际贸易环境变得更加复杂，利用国际市场弥补国内粮食产需结构问题的风险增加，营养目标导向下粮食产业体系不安全等级急剧上升（钟钰等，2020）。

第三节　中国膳食营养需求预测

一、共享社会经济路径（SSPs）

SSPs 是综合考量经济、人口、技术进步以及资源使用等多方面因素，由联合国政府间气候变化专门委员会（IPCC）在 2010 年提出，用来定量刻

---

① Food and Agriculture Organization of the United Nations，2021："Crop Prospects and Food Situation"，http：//www. fao. org/worldfoodsituation/csdb/en/.

画社会经济发展与气候变化之间的关系。共享社会经济路径包含 5 种情景，如表2－2所示，分别是：可持续发展情景（SSP1），该情景考虑了可持续发展目标，同时降低了对化石能源的需求；中度发展情景（SSP2），该情景维持当前发展状况，逐步减少对于化石能源的依赖；局部或不一致发展情景（SSP3），该情景下区域之间发展差距较大，未能如期实现发展目标，并且对化石能源依赖性比较大；不均衡发展情景（SSP4），该情景下以适应挑战为主，国家内部和国家之间出现了高度的不平等；常规发展情景（SSP5），该情景主要以适应减缓为主，强调以传统的经济增长方式为导向。

表 2－2　　　　　　　　　　不同 SSPs 情景的具体设定

情景	缓释挑战	适应挑战	经济增长	人口增长	教育程度
SSP1	低	低	高	低	高
SSP2	中	中	中	中	中
SSP3	高	高	低	高	低
SSP4	低	低	中	中	低
SSP5	高	低	高	低	高

资料来源：笔者整理所得。

二、人口—发展—环境分析（PDE）模型

PDE 模型由国际应用系统分析研究所（IIASA）采用队列预测和多状态生命表扩展而成。这一模型最初是引用在不同社会领域经济发展情景和人力资本情景分析，PDE 模型已经在北非、中国等国家和地区开展人口变化预估模型，本章应用该模型预估的中国人口变化展开研究。

PDE 模型中将人口按照年龄、性别以及教育水平的不同划分为不同的"状态"，各种"状态"之间可以相互转换，使得人口可以在不同"状态"下流动。模型中人口增长由两部分构成，一部分是自然增长，另一部分是机械增长，自然增长包括出生与死亡之间的差值，机械增长主要是指迁入迁出，迁入为正值，迁出为负值，某一年 t + 1 岁的人口数量 P_{t+1} 计算方式如下：

$$P_{t+1} = P'_t \times （1 - D_{t+1}） + M_{t+1} \tag{2.1}$$

其中，P'_t 表示上一年 t 岁人口，D_{t+1} 表示当年 t+1 岁人口死亡率，M_{t+1} 表示当年 t+1 岁迁移人口。

某一年（n 年）新生人口数 P_n 计算方式如下。

$$P_n = \sum_{i=15}^{49} P_t \times R_t \times F_t \qquad (2.2)$$

其中，P_t 表示当年 t 岁人口数，R_t 表示当年 t 岁人口中女性所占比例，F_t 表示当年 t 岁人口出生率。

本章对不同情景（SSP1～SSP5）下中国 2030～2100 年膳食均衡各类营养物质最低需求和最高需求进行预测，得到了膳食需求总量变化态势以及不同营养物质占比状况，可以看出，无论哪种情景下对于膳食营养需求的演变均遵循人口金字塔形变化。

三、膳食营养需求总量变化趋势

首先，从膳食最低需求总量来看，2030 年，在各个情景下，SSP3 情景下中国人口每天对膳食营养的需求总量最高，达到 387.63 万吨，SSP4 情景下最低，为 374.08 万吨，两者之间相差了 13.55 万吨，其余情景下 SSP1 和 SSP5 情景下略高于 SSP4 情景，为 375.73 万吨，SSP2 情景略低于 SSP3 情景，为 382.58 万吨。2050 年，依然是 SSP3 情景下人口每天对膳食营养需求总量最高，达到 362.30 万吨，SSP4 情景最低，为 327.94 万吨，两者之间相差 34.36 万吨。SSP1 和 SSP5 情景下为 338.72 万吨，SSP2 情景下为 350.02 万吨。在 2100 年时，同样是 SSP3 情景下人口每天对膳食营养的需求总量最高，为 284.85 万吨，SSP4 情景下最低，为 153.82 万吨，两者之间的差距相比前两年大了很多，达到了 131.03 万吨，剩下的 SSP1 和 SSP5 情景下，每日需求总量为 178.24 万吨，SSP2 情景下为 212.61 万吨。

其次，从膳食最高需求总量来看，2030 年，SSP3 情景下，中国人口每天对膳食营养的需求总量最高，达到 1.10 亿吨，远高于最低需求总量为 480.73 万吨的 SSP4 情景，两个情景相差了 1.05 亿吨，在 SSP1 和 SSP5 情景下，中国人口每天对膳食营养的需求总量为 928.52 万吨，SSP2 情景下为 491.65 万吨。2050 年，SSP1 和 SSP5 情景下中国人口每天对膳食营养的总需求量为 694.39 万吨，SSP2 情景下为 449.80 万吨，SSP3 情景下为 1.03 亿吨，SSP4 情景下为

421.44 万吨，其中需求最高的 SSP3 情景比需求最低的 SSP4 情景高了 0.98 亿吨。2100 年，中国人口每天对膳食营养的总需求量在各个情景下依次为 SSP1 和 SSP5 情景下为 312.62 万吨，SSP2 情景下为 273.23 万吨，SSP3 情景下为 0.81 亿吨，SSP4 情景下为 197.68 亿吨，其中需求量最高的 SSP3 情景与需求量最低的 SSP4 情景相差 0.79 亿吨。与最低需求量类似，SSP3 情境下膳食最高需求量数值最大，SSP4 情景下膳食最高需求量最低。

2030 年、2050 年和 2100 年最高膳食营养需求与最低营养需求之间的差距较大。在 SSP1、SSP2、SSP3、SSP5 情境下，皆是 2030 年膳食需求量差距最大，2100 年膳食需求量差距最小。2030 年中国每天膳食最低需求与最高需求之间的差值分别为 552.80 万吨、109.7 万吨、1.06 亿吨、106.65 万吨。SSP3 情景差值最大的原因在于人口增长设定不同造成不同人口规模对饮用水等需求量差距明显。而在 SSP4 情景下，2050 年膳食最低需求与最高需求之间的差值最大，2100 年仍差距最小。2030 年中国人口每天对膳食营养最高需求量与最低需求量相差 106.65 万吨；2050 年中国人口每天对膳食营养最高需求量与最低需求量相差 421.44 万吨；2100 年中国人口每天对膳食营养最高需求量与最低需求量相差 43.85 万吨。

四、膳食营养需求结构变化态势

不同情景下，膳食结构需求不同。2030 年、2050 年以及 2100 年三年的预测中，对盐摄入量的需求都是最少的，对日常饮用水的需求量都是最多的，具体如下。

从中国人口每天膳食营养最低需求来看，五个情境下需求量最大的营养元素皆是日常饮用水。SSP1 和 SSP5 情景下，2030 年为 20.39 亿吨，2050 年为 18.38 亿吨，2100 年为 9.66 亿吨。SSP2 情景下，2030 年的需求量为 20.71 亿吨，2050 年的需求量为 18.95 亿吨，2100 年的需求量为 11.51 吨。SSP3 情景下，中国人口需求量最大的营养元素日常饮用水需求情况为：2030 年为 20.98 亿吨，2050 年为 19.61 亿吨，2100 年为 15.42 亿吨。SSP4 情景下，对日常饮用水需求情况为：2030 年为 20.25 亿吨，2050 年为 17.75 亿吨，2100 年为 8.33 亿吨。五个情境下需求量最低的营养元素皆是盐摄入量。SSP1 和 SSP5 情景下，2030 年的需求量为 815.71 万吨，2050 年的需求量为 734.71 万吨，2100 年的需求量为 386.39 万吨。SSP2 情景下，2030 年为 828.39 万吨，2050 年为 757.88 万吨，2100 年为 460.36 万吨。SSP3 情景下，2030 年的需求量为 839.33 万吨，2050 年的需求量为 784.48 万吨，2100 年的需求量为 616.79 万吨。SSP4 情景下，2030 年的需求量为 810.00 万吨，2050 年的需求量为 710.09 万吨，2100 年的需求量为 333.07 万吨。可以看出，无论哪个情景，日常饮用水需求量与盐摄入量皆呈下降趋势，并且在 2030 ~ 2050 年下降幅度较小，2100 ~ 2050 年下降幅度较大，说明 2050 年可能存在一定的拐点。

从中国人口每天膳食营养最高需求来看，中国人口各年在不同情景下每日对最低需求量的盐摄入量需求与膳食营养需求结构的最低需求相同。对于最高需求量的日常饮用水来说，SSP1 和 SSP5 情景下，2030 年需求为 23.11 亿吨，2050 年为 20.82 亿吨，2100 年为 13.04 亿吨。SSP2 情境下，2030 年需求为 23.47 亿吨，2050 年为 21.47 亿吨，2100 年为 23.47 亿吨。SSP3 情境下，2030 年需求为 23.78 亿吨，2050 年为 22.23 亿吨，2100 年为 17.48 亿吨。SSP4 情境下，2030 年需求为 22.95 亿吨，2050 年为 20.12 亿吨，2100 年为 9.44 亿吨。除 SSP2 情景下在 2100 年出现上升，其他变化趋势与最低需求量相似。

从中国人口每天对膳食营养需求变化的最低需求和最高需求来看，中国人口对日常饮用水的需求量都是最大的，即使是最低需求也有部分年份的部分情景达到了 20 亿吨以上，最高需求则达到了 23.78 亿吨，而对盐摄入量的需求是最少的，但是最高也达到了 800 万吨以上。可以看出，引起 2030 ~ 2100 年 SSP1 ~ SSP5 五个情景之间差异的主要营养元素是日常饮用水。

五、膳食营养需求性别变化态势

在五种情境下，从膳食营养需求性别变化态势来看，2030 年、2050 年以及 2100 年三年的预测中，男女对各营养物质的需求情况各不相同，但是其趋势还是相类似的。

首先，从中国人口每天对各营养物质的最低需求来看，如图 2 - 4 所示，

2030 年，在 SSP1 和 SSP5 情景下，中国男性每天对各营养物质的总需求量为 19.40 亿吨，女性的总需求量为 18.17 亿吨；在 SSP2 情景下，中国男性每天对各营养物质的总需求量为 19.76 亿吨，女性的总需求量为 18.50 亿吨；在 SSP3 情景下，中国男性每天对各营养物质的总需求量为 19.89 亿吨，女性的总需求量为 18.74 亿吨；在 SSP4 情景下，中国男性每天对各营养物质的总需求量为 19.30 亿吨，女性的总需求量为 18.11 亿吨；五种情景下男、女每天对各营养物质的需求总量相差分别为：1.23 亿吨、1.25 亿吨、1.14 亿吨、1.19 亿吨和 1.23 亿吨。2050 年，在 SSP1 和 SSP5 情景下，中国男性每天对各营养物质的总需求量为 17.34 亿吨，女性的总需求量为 16.53 亿吨；在 SSP2 情景下，中国男性每天对各营养物质的总需求量为 17.94 亿吨，女性的总需求量为 17.65 亿吨；在 SSP3 情景下，中国男性每天对各营养物质的总需求量为 18.59 亿吨，女性的总需求量为 17.64 亿吨；在 SSP4 情景下，中国男性每天对各营养物质的总需求量为 16.76 亿吨，女性的总需求量为 16.03 亿吨；五种情景下男、女每天对各营养物质的需求总量相差分别为：0.81 亿吨、0.87 亿吨、0.95 亿吨、0.73 亿吨和 0.81 亿吨。2100 年，在 SSP1 和 SSP5 情景下，中国男性每天对各营养物质的总需求量为 9.12 亿吨，女性的总需求量为 8.70 亿吨；在 SSP2 情景下，中国男性每天对各营养物质的总需求量为 10.80 亿吨，女性的总需求量为 10.46 亿吨；在 SSP3 情景下，中国男性每天对各营养物质的总需求量为 14.50 亿吨，女性的总需求量为 13.99 亿吨；在 SSP4 情景下，中国男性每天对各营养物质的总需求量为 7.74 亿吨，女性的总需求量为 7.64 亿吨；五种情景下男、女每天对各营养物质的需求总量相差分别为：0.43 亿吨、0.35 亿吨、0.50 亿吨、0.11 亿吨和 0.43 亿吨。可以发现，随着年份的增加，中国人口不论男女每天对各物质的总需求处于一个下降的趋势。

其次，从中国人口每天对各营养物质的最高需求来看，如图 2-5 所示，2030 年，在 SSP1 和 SSP5 情景下，中国男性每天对各营养物质的总需求量为 25.00 亿吨，女性的总需求量为 23.41 亿吨；在 SSP2 情景下，中国男性每天对各营养物质的总需求量为 25.39 亿吨，女性的总需求量为 23.78 亿吨；在 SSP3 情景下，中国男性每天对各营养物质的总需求量为 25.73 亿吨，女性的总需求量为 24.08 亿吨；在 SSP4 情景下，中国男性每天对各营养物质的总需求量为 24.80 亿吨，女性的总需求量为 23.27 亿吨；五种情景

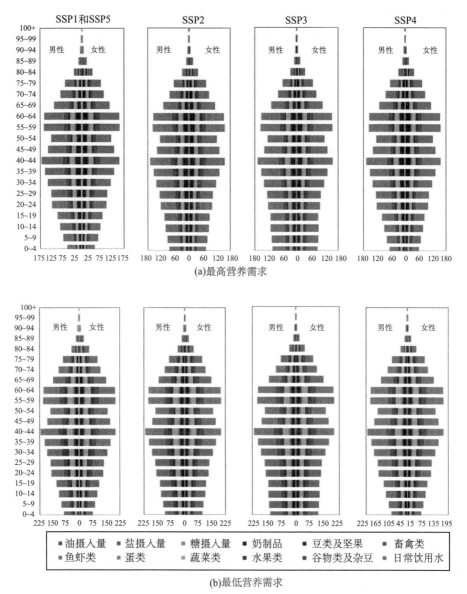

(a)最高营养需求

| ■ 油摄入量 | ■ 盐摄入量 | ■ 糖摄入量 | ■ 奶制品 | ■ 豆类及坚果 | ■ 畜禽类 |
| ■ 鱼虾类 | ■ 蛋类 | ■ 蔬菜类 | ■ 水果类 | ■ 谷物类及杂豆 | ■ 日常饮用水 |

(b)最低营养需求

图 2-4 中国 2030 年营养元素需求五种情景下膳食金字塔

下男、女每天对各营养物质的需求总量相差分别为：1.59 亿吨、1.61 亿吨、
1.65 亿吨、1.53 亿吨和 1.59 亿吨。2050 年，在 SSP1 和 SSP5 情景下，中
国男性每天对各营养物质的总需求量为 22.32 亿吨，女性的总需求量为

21.28 亿吨；在 SSP2 情景下，中国男性每天对各营养物质的总需求量为
23.05 亿吨，女性的总需求量为 21.93 亿吨；在 SSP3 情景下，中国男性每天
对各营养物质的总需求量为 23.89 亿吨，女性的总需求量为 22.67 亿吨；在
SSP4 情景下，中国男性每天对各营养物质的总需求量为 21.54 亿吨，女性
的总需求量为 20.61 亿吨；五种情景下男、女每天对各营养物质的需求总量
相差分别为：1.04 亿吨、1.12 亿吨、1.23 亿吨、0.93 亿吨和 1.04 亿吨。
2100 年，在 SSP1 和 SSP5 情景下，中国男性每天对各营养物质的总需求量
为 11.74 亿吨，女性的总需求量为 11.19 亿吨；在 SSP2 情景下，中国男性
每天对各营养物质的总需求量为 13.88 亿吨，女性的总需求量为 13.44 亿
吨；在 SSP3 情景下，中国男性每天对各营养物质的总需求量为 18.63 亿
吨，女性的总需求量为 17.98 亿吨；在 SSP4 情景下，中国男性每天对各
营养物质的总需求量为 9.95 亿吨，女性的总需求量为 9.82 亿吨；五种情
景下男性每天对各营养物质的总需求比女性所多的量分别为：0.55 亿吨、
0.44 亿吨、0.65 亿吨、0.14 亿吨和 0.55 亿吨。造成这种差异的主要营
养元素依然为日常饮用水，男、女对日常饮用水每天需求总量最多，同时
相差也是最多的。

　　最后，通过对男、女每天对各营养物质的最高以及最低需求总量的数
据对比，如图 2-6 所示，发现造成这种差距的主要来源是日常饮用水，对
于日常饮用水差异的主要表现为：2030 年，在 SSP1 和 SSP5 情景下，最低
需求总量相差了 0.67 亿吨，最高需求总量相差了 0.76 亿吨；在 SSP2 情景
下，最低需求总量相差了 0.68 亿吨，最高需求总量相差了 0.77 亿吨；在
SSP3 情景下，最低需求总量相差了 0.70 亿吨，最高需求总量相差了 0.79
亿吨；在 SSP4 情景下，最低需求总量相差了 0.65 亿吨，最高需求总量相差
了 0.73 亿吨。2050 年，在 SSP1 和 SSP5 情景下，最低需求总量相差了 0.44
亿吨，最高需求总量相差了 0.50 亿吨；在 SSP2 情景下，最低需求总量相差
了 0.47 亿吨，最高需求总量相差了 0.54 亿吨；在 SSP3 情景下，最低需求
总量相差了 0.52 亿吨，最高需求总量相差了 0.59 亿吨；在 SSP4 情景下，
最低需求总量相差了 0.39 亿吨，最高需求总量相差了 0.45 亿吨。2100 年，
在 SSP1 和 SSP5 情景下，最低需求总量相差了 0.23 亿吨，最高需求总量相
差了 0.26 亿吨；在 SSP2 情景下，最低需求总量相差了 0.19 亿吨，最高需

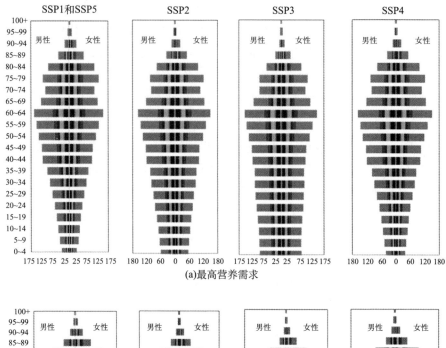

(a)最高营养需求

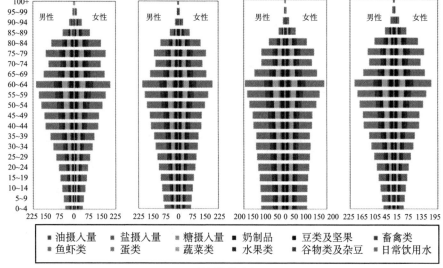

■ 油摄入量　■ 盐摄入量　■ 糖摄入量　■ 奶制品　■ 豆类及坚果　■ 畜禽类
■ 鱼虾类　　■ 蛋类　　　■ 蔬菜类　　■ 水果类　■ 谷物类及杂豆　■ 日常饮用水

(b)最低营养需求

图 2-5　中国 2050 年营养元素需求五种情景下膳食金字塔

求总量相差了 0.21 亿吨；在 SSP3 情景下，最低需求总量相差了 0.27 亿吨，最高需求总量相差了 0.31 亿吨；在 SSP4 情景下，最低和最高需求总量都相差了 0.06 亿吨。

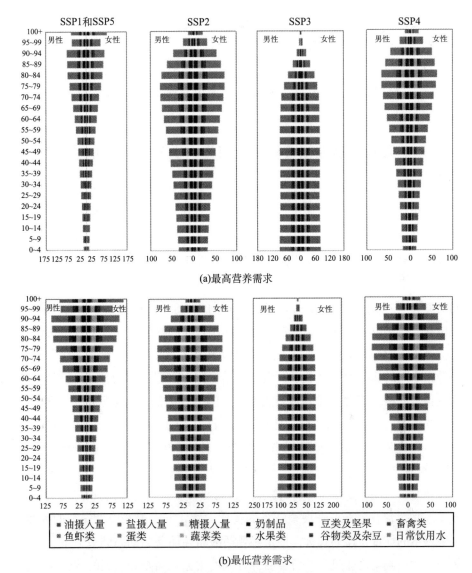

(a)最高营养需求

| ■ 油摄入量 | ■ 盐摄入量 | ■ 糖摄入量 | ■ 奶制品 | ■ 豆类及坚果 | ■ 畜禽类 |
| ■ 鱼虾类 | ■ 蛋类 | ■ 蔬菜类 | ■ 水果类 | ■ 谷物类及杂豆 | ■ 日常饮用水 |

(b)最低营养需求

图2-6 中国2100年营养元素需求五种情景下膳食金字塔

第四节 营养目标导向下保障粮食安全的政策取向

在国内国际双循环的格局下，如何实现营养目标导向下的粮食安全是新的命题。围绕国民营养与粮食安全，开展膳食需求规律的科学研判，辨识营养目标下可持续食物系统时空优化策略，实现资源环境约束下粮食安全的新命题，需要从战略性资源供应体系、战略性保护体系、战略性储备体系和战略性参与体系四个维度出发，着重围绕"精准""精细""全链条"，努力打造能够满足人民对美好生活向往需要的粮食安全供应体系。

一、甄别战略性粮食资源，打造营养目标导向的生产供应体系

对中国国民身体素质所需营养元素展开甄别，研制出适合国民身体所需的国民健康指导目录。《"健康中国2030"规划纲要》提出要把国民健康摆在首位的战略地位，下一步需要探求破解"隐性饥饿"的具体路径、方案以及不同时间节点的目标阈值。将区域与省域时空异质性作为关键，精准匡算不同地域类型、不同时间尺度的影响国民体质的关键要素项，测算粮食、肉类、蛋白质、蔬菜以及其他类型的食品之间国民营养的科学配比，掌握国民营养目标导向下的粮食安全核心要义及关键影响因素。系统测度营养安全下营养与健康之间的非线性互馈关系，指导健康中国2030以及更加长远目标实现。定制科学的种质资源摸排与改良方案，研制适合国民身体素质的"卡脖子"突破路线图（靖飞等，2021）。在数清楚自己家底的基础上，走出独具特色的种业自强之路。注重根据国民营养导向的转变，着力开展改良工程，采取"生物育种""土壤改良育种""传统作物提升育种"等方式，在生产过程中要以效益好、质量高作为评判的标准，从源头改善，满足国民营养健康需求。厘清战略性粮食资源，开展全链条的优化配置，牢牢把握粮食安全的底线，保障基本的饮食，谋划长远，划定必要的战略性储备与动态调节方案，权衡好农业供给侧结构性改革与营养目标之间的关系，编制好中国的战略性粮食资源目录，推动营养目标驱动的需求导向、竞争力导向的技术创新体系，实现"数量均衡""质量均衡""效能均衡"。

二、构建战略性保护体系，打造营养目标导向的支持保护政策体系

借鉴发达国家先进经验，形成战略性保护体系。做好乡村振兴绿色发

展中有机肥替代、农药减量等相关的补贴，加大营养目标导向下的科学改良研究支持，开展长期稳定的支持体系，综合考虑国际政策对于营养目标导向的约束性与敏感性，加速"绿箱政策"的合并支持，用好国际政策支持。优化农业生产支持结构，改善农业生产过程中以价格为主的支持状况，改良与当期生产相关联的支持和公共储备支持政策，构建合理的耕地轮休补偿体系，依托农业政策调整，推动形成绿色环保的农业战略保护体系。拓展农业"走出去"支持方式，依托"一带一路"倡议发展契机，鼓励粮食企业"走出去"发展，到国外资源丰富的国家生产粮食产品，探求粮食作物绝对安全下生产压力缓解路径，采取补贴、贷款贴息以及政策性贷款等方式，积极拓宽中国的国外生产资源，实现"资金与技术要素流向国外，产品流向国内"的动态流动目标。

三、搭建营养目标导向下战略性储备体系，打造高效稳定的流通储备体系

将营养目标导向纳入整个粮食安全体系中，开展主粮作物营养强化工程，如育种、生物强化等前沿技术实现提质增效，促进全产业链条营养导向转型；减少流通过程中的食物浪费，构建从农作物收割到存储、加工、运输、零售环节的流通储备体系。加强冷链物流的建设，提升储备效率与质量。从源头到终端，构建风险监测和监测体系，加强对于全球及重点国家与地区的风险监测，改善国际贸易中的薄弱链条，确保储备体系安全，包括虚拟与现实中的储备体系，都能在粮食安全受到威胁的时候便捷高效地提供保障，降低依赖国际市场的风险。

四、形成战略性参与体系，推动建立稳定良好的新秩序

以战略性粮食资源供应体系为导向，从产业结构调整、生态环境保护以及资源循环利用等方面，打造中国农业绿色环保、可持续发展体系。以技术进步和科技创新作为推手，推动粮食生产重心由劳动密集型向技术密集型转变，促进整个产业体系升级。积极提升在全球治理中的中国话语权，

推动人类命运共同体建设，参与联合国粮食和农业组织的国际机构，发挥亚投行等国际性组织的作用，改革国际规则框架，合作提升中国的粮食生产保障能力，应对新冠疫情冲击下的国民营养安全需求冲击，与全球各国创造新的粮食安全环境。

第三章　气候变化、温控目标与产业生态化

　　全球气候变暖是当今世界面临的主要挑战之一，也是各国发展所亟须解决的问题。《巴黎协定》的签订确立了"本世纪内将全球平均温升控制在 2℃ 以内（较工业化前水平），并努力控制温升幅度不超过 1.5℃"的目标，学术界据此展开了深入的探讨和研究。中国作为负责任的大国，在 2020 年 9 月正式提出将采取更加有力的政策措施，力争 2030 年前碳排放达峰，2060 年前实现碳中和。实现温控目标下净零排放已成为国内外研究的核心议题和可持续发展的重要方向，对世界经济发展和环境保护具有重大意义。为加快向全球温控 2℃ 和 1.5℃ 的目标迈进，促进净零排放尽早实现，需对国内外净零排放研究现状及发展趋势进行系统性的研究。为碳排放领域的研究前沿和热点提供新思路。温控目标下净零排放领域的研究成果不断涌现。张志伟等（2022）认为，工业作为碳排放的重点行业，加快工业低碳转型研究是落实气候变化目标的重要途径。王璞（2022）指出，能源的低碳化、清洁化正在成为人类追求的目标。据此，本章采用 CiteSpace 进行计量分析可以反映出目前国内外在温控目标下净零排放领域的研究现状和未来发展趋势，对现有的温控目标下净零排放领域的研究进行梳理以明确现有的研究脉络。本章基于可视化软件 CiteSpace 生成知识图谱法，梳理国内外温控目标下净零排放研究现状和发展趋势，旨在揭示国内外净零排放研究中存在的不足，以期为未来研究提供科学参考。

第一节　气候变化与温控目标

一、数据来源

为对温控目标下净零排放研究领域进行有效分析，本章数据来自中国知识基础设施工程（CNKI）数据库和 Web of Science 核心数据库（以下简称 WOS）。由于不同发展时期、不同研究者的概念有所差异，在选取中文期刊的基础上，为使检索结果更加准确全面，在 CNKI 的高级检索中选择"文献"的主题检索，在 WOS 以主题选择"Article"的主题检索。并确定关键词为"净零排放"（net zero emission）或"温控目标"（temperature control target），文献检索时间截至 2022 年 8 月。为提高样本数据的准确性，检索结果中与研究内容无关的文献以及会议、图书、特色期刊、成果、学术专辑等都加以手动删除，将筛选出 71 篇中文有效文献和 7 216 篇外文文献合并在一起，作为温控目标下净零排放研究的发文数量，共 7 287 篇。最后将所选文献按 CiteSpace 所需的文献格式进行整合，剔除重复文章并导出，得到本章所需的样本数据库。

二、研究方法

本章基于文献计量学方法绘制科学知识图谱，借助可视化分析软件对温控目标下净零排放相关研究领域进行定量分析，可视化分析也能使庞杂的数据更加直观地展示。CiteSpace 是一款着眼于分析特定领域文献中蕴含的知识，并在共引分析理论和寻径网络算法背景下发展起来的多元动态的可视化图谱的软件，CiteSpace 可视化图谱和分析功能能够更加直观地把握相关领域的发文数量、研究热点和前沿等问题。本章首先运用 CiteSpace 软件先对国内外温控目标下净零排放研究的年发文量进行统计，总结出时间跨度下净零排放研究演化趋势；其次从国家合作分布、作者合作分布、研究机构分布情况探究研究温控目标下净零排放的空间分布；再次通过研究关键词共现图谱、突现词图谱、聚类时间线图谱总结温控目标下净零排放研究的热点，揭示关键词视角下的净零排放演化趋势；最后总结温控目标下净零排放研究的现状和趋势，并对中国温控目标下净零排放的未来研究进行展望。

第二节　温控目标与净零碳实现

一、发文量及变化趋势

年度发文量作为衡量研究和趋势的重要指标之一，温控目标下净零排放领域的文献发表数量在时间维度上差异明显。国内外的发文量整体上呈上升趋势，如图3－1所示。从国内来看，2012～2022年，论文数量呈逐年上升趋势，但总体数量较少。2018年以前，年均发文量不到2篇，研究进展缓慢。2019～2022年，发文量逐渐增多，年均发文量达到15篇以上，与前几年相比呈现缓慢增长态势。2021年，温控目标下净零排放研究迎来发展顶峰，2021年发文量达32篇，远超往年发文量总和。随着《巴黎协定》的生效和净零排放被逐渐提上国内和国际议程，为达成1.5℃的温控目标，未来研究将不断深入。从国际来看，可以将温控目标下净零排放的研究历程分为三个阶段：第一阶段（1991～2000年）的年度发文量不超过30篇，此阶段温控目标下净零排放尚未在国外学术界得到普及，研究处于萌芽阶段。第二阶段（2001～2009年）的国际发文数量有所上升，气候问题使得国际学者开始重视这一话题，但国际年度发文数量均在100篇以下。第三阶段（2010年至今）为研究的爆发期，年度发文量快速上升，发文量均超过三位数。而《巴黎协定》的签订是全球应对气候变化作出的又一努力（DeAngelo et al.，2021），使得中国和国际在2016年以后发文数量的增长速度远超之前的时期。

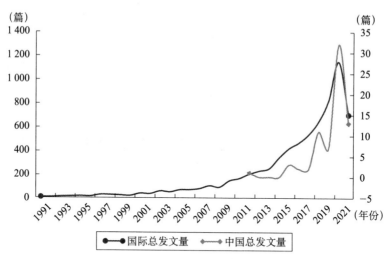

图 3 - 1 1991 ~ 2022 年温控目标下净零排放领域发文量

资料来源：笔者绘制所得。

二、国家合作分布

对于温控目标下净零排放相关研究的国家合作和发文量情况，本章通过 CiteSpace 生成了温控目标下净零排放领域研究各国的合作网络图谱，如图 3 - 2 所示，整体上看，研究国家呈现多极化趋势，发文量最多的国家依次是美国 2 054 篇、中国 963 篇、英国 800 篇、德国 585 篇和法国 409 篇。美国作为温控目标下净零排放领域发文量最突出的国家，凸显了美国在该领域的核心地位。美国与英国、德国、法国、瑞士、澳大利亚之间的连线较粗，证明美国与这些国家之间的研究合作较紧密。发文量最多的国家集中在欧美国家的主要原因在于这些国家是发达国家，其经济较为发达。

中心度显示了该国家在研究领域的核心程度，中心度值大于 1 表明该国家具有较高的权威性。中心度位于前五位的国家依次是瑞士（0.27）、英国（0.19）、法国（0.16）、美国（0.15）、澳大利亚（0.15）。德国、西班牙、比利时在温控目标下净零排放领域的中心度也超过 1，说明这三个国家在该领域处于优势地位。瑞士以 0.27 的中心度位居第一，与美国、美国、法国、德国、荷兰、丹麦之间的合作较紧密。相互之间较近的地理位置也是其展开学术合作的重要原因。

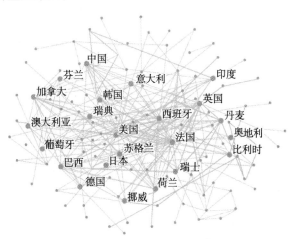

图 3-2　国际温控目标下净零排放领域研究国家合作网络

资料来源：笔者绘制所得。

三、作者合作网络分析

针对作者发文情况和合作情况，本章利用 CiteSpace 生成作者共线图谱，如图 3-3 所示。节点的大小反映了作者的发文频次，节点间的连线反映了作者间的合作强度，连线的多少及粗细情况反映了作者在该研究领域的学术地位。

图 3-3　中国温控目标下净零排放领域研究作者合作网络

资料来源：笔者绘制所得。

中国作者合作网络在整体上呈现出"小聚集、大分散"的特点，以张焰和伍浩松为核心的作者网络，其发文量为 5 篇，发文量最多，主要以研究核能源在实现净零排放中的作用（王高峰和黄志昌，2021；王兴春和张焰，2021）；以孔锋为核心的作者网络（孔锋，2020；孔锋等，2019；孔锋，2019），共发文 3 篇，对 1.5℃温控目标下地球工程对气候的潜在影响和区域差异进行探讨。孙一琳（2021）从净零排放出发，研究净零排放过程中的成本问题。整体来看，作者共线图谱网络密度仅有0.0181，研究领域内作者合作程度较低且高产作者之间合作较少；研究领域内多为作者网络，并且相互之间较为孤立，可见在温控目标下净零排放的研究沟通意识不足。

四、研究机构图谱分析

表 3-1 列示了中国温控目标下净零排放领域主要研究机构情况，由此可以知道该领域研究机构分布及合作情况。总体来看，温控目标下净零排放领域的研究机构之间合作较少，机构之间没有形成明显的合作网络，主要是中核战略规划研究总院、清华大学和中国气象局相互之间的合作，机构相互之间的交流协作有待加强。从发文频次来看，中核战略规划研究总院、清华大学和中国气象局排名位居前 3 位，约占发文总量的 21.12%；按二级机构统计，发文数量从高到低依次是清华大学公共管理学院、清华大学应急管理研究基地、中国气象局气象干部培训学院。清华大学作为研究温控目标下净零排放的主力军，分别与中国气象局、社会科学院形成的机构网络和清华大学内部之间进行的部分合作的发文量在该领域的发文量中占有绝对比重。从机构属性来看，研究院所和高校是温控目标下净零排放领域的主要力量。从地域上看，主要集中分布在北京地区，因为北京经济发展水平较高，集中了较多的科研院所和高校，拥有雄厚的科研实力等明显的区位优势。此外，这也反映了目前温控目标下净零排放领域尚未得到大多数学术团体的关注，各网络机构之间多为独立研究，不利于学术成果的交流与共享。

表 3 -1　　　　　　　中国温控目标下净零排放领域主要研究机构

序号	机构名称	发文数量
1	中核战略规划研究总院	5
2	清华大学公共管理学院	3
3	清华大学应急管理研究基地	3
4	中国气象局气象干部培训学院	2
5	中国气象局气候中心	2

资料来源：笔者整理所得。

　　针对国际零排放和净温控目标领域主要研究机构情况，本章利用 CiteSpace 生成机构共线图谱如图 3 -4 所示。总体上看，国际温控目标下净零排放领域研究机构之间的合作较多，形成了非常明显的机构合作网络；从发文频次来看，不同机构之间的差异较大，除中国科学院外，国外发文量最多的分别为牛津大学、伦敦帝国学院、麻省理工学院、伦敦大学学院、爱丁堡大学，总发文量占国际发文总量的 4.26%。从机构属性来看，主要的研究力量是高校；从地域上来看，发文量排名前十的机构中隶属于英国的机构有牛津大学 72 篇、伦敦帝国学院 71 篇、伦敦大学学院 55 篇、爱丁堡大学 51 篇、剑桥大学 41 篇，占国际发文总量的 4.02%，可以看出，英国作为研究零排放和净温控目标的先锋，在研究温控目标下净零排放领域起着非常重要的作用。与这些机构合作的机构有麻省理工学院、墨尔本大学、乌得勒支大学、多伦多大学等，值得注意的是，浙江大学是这些大学合作机构中唯一的中国研究机构。从中心性来看，所有的机构中心性值均小于 0.1，中心性最高的机构是麻省理工学院，仅为 0.06，说明国际温控目标下净零排放领域的研究机构中没有中心节点。

五、研究热点和前沿分析

（一）关键词共现分析

　　关键词是一篇文献内容的核心凝练，关键词的出现频率体现文献在该

图 3-4　国际零排放和净温控目标领域主要研究机构

资料来源：笔者绘制所得。

领域的研究热点与方向，本章通过 CiteSpace 软件分别得到国内外温控目标下净零排放领域的关键词共线图谱。其中，圆圈的大小代表关键词出现的频率，越大代表频率越多；而词相互之间的连线颜色深浅代表关键词时效性的强弱。

中国研究图谱由 118 个节点 247 条线条组成，如图 3-5 所示。从图谱中可以看出，"零排放""碳中和"占据着温控目标下净零排放领域的核心研究议题，零排放主要将温室气体、碳减排、循环经济等领域连接起来进行研究（周天军和陈晓龙，2022）；碳中和将气候变化、碳达峰、地球工程等领域连接起来进行研究。在共线图谱中各个节点互相连接成线，基本没有孤立的节点，说明该领域的关键词之间相互联系较紧密。"零排放""碳中和""气候变化""地球工程"等关键词不仅频率高，而且中心度都大于 0.1，说明这些关键词在该领域的研究中起着良好的枢纽作用，国内学者都是围绕这些关键词进行展开研究。其中，"零排放"的中心度更是高达 1.16，可以看出，"零排放"是中国学者研究热点的重中之重。

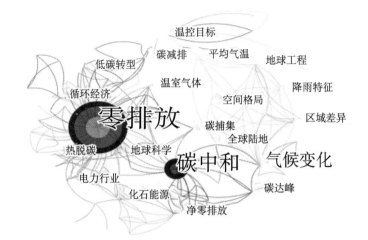

图 3 – 5　中国温控目标下净零排放领域关键词共线图谱

资料来源：笔者绘制所得。

国际研究图谱由 990 个节点和 3 476 条线条组成，如图 3 – 6 所示。与中国相比，"气温""气候变化"是国际学者在此领域的研究核心，并且可以看出国际学者涉及范围更广。"气温"作为国际学者在该领域中唯一出现频次最高且中心度大于 0.1 的关键词，说明气温不仅是国际学者的研究热点，而且在研究网络中起着重要的桥梁作用，国际学者对气候问题进行了大量且长时间的研究。"气候变化""模型""系统""增长"虽然出现频率较高，但中心度均小于 0.1，在研究中的枢纽作用不明显。"蛋白质""激活"的中心都皆为 0.11，但出现频率较低。可以看出，虽然"蛋白质""激活"在国际学者的研究热点中处于较低位置，但对于其他研究热点的拓展具有重要作用。

为进一步对比国内外在温控目标下净零排放领域各关键词节点的具体信息，根据 CiteSpace 软件分别整理中心度前八的国内外关键词列表，如表 3 – 2 所示。可以得知，中国词频出现最高的是"碳排放"（2016），出现33 次，而"碳中和""气候变化""温控目标""地球工程""碳减排""低碳发展""净零排放"七个关键词在年份上晚于"碳排放"，在词频方面也远少于"碳排放"。国际关键词中"气温"词频为 623，位居第一。同中国一样，国际在温控目标下净零排放领域的其他关键词在词频方面远少于

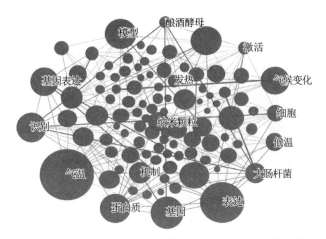

图3-6 国际温控目标下净零排放领域关键词共线图谱

资料来源：笔者绘制所得。

"气温"。与国际相比，中国在温控目标下净零排放领域关键词的词频与年份处于落后状态。受到国内外学者共同关注的核心词汇有气候变化（climate change），且都位于第三位，说明气候变化在国内外的研究已经引起学者们的共同关注。

表3-2 中国与国际温控目标下净零排放领域关键词统计

序号	词频	中心度	年份	关键词	词频	中心度	年份	关键词
1	33	1.16	2016	碳排放	623	0.11	1997	气温
2	9	0.66	2020	碳中和	280	0.07	1992	表达
3	5	0.47	2018	气候变化	273	0.04	1993	气候变化
4	4	0.09	2019	温控目标	247	0.08	2001	模型
5	4	0.14	2017	地球工程	246	0.04	1999	系统
6	4	0.09	2019	碳减排	198	0.05	1993	增长
7	3	0.06	2017	低碳发展	186	0.06	1993	识别
8	3	0.08	2019	净零排放	185	0.02	2007	表达

资料来源：笔者整理所得。

在关键词中心性方面，中国关键词的中心度整体上比国际关键词的中心度要高。中国中心性最高的关键词是"碳排放"，中心性为1.16，也是国内外中心性大于1的关键词，"碳中和""气候变化""地球工程"的中心性分别为0.66、0.47、0.14，说明这三个词在中国该领域的研究中起到非常好的桥梁作用。国际在温控目标下净零排放领域中的关键词只有"气"的中心性超过0.1，说明国际目前的研究以"气"为枢纽，在不断与其他关键词相结合的过程中发展。

（二）关键词突现分析

利用CiteSpace的突发性（burstness）功能对国内外不同时期温控目标下净零排放领域的研究主题和发展前沿的关键词进行分析，分别生成突现表，如表3-3和表3-4所示。关键词突现情况能够反映不同时期出现的高频关键词，它们代表每一时期的研究热点和前沿，从而对未来的研究方向进行分析。

表3-3　　　　　　　中国温控目标下净零排放领域突现词图谱

关键词	突现度	起始年份	终止年份	2012~2022年
碳排放量	0.69	2012	2012	
红外模拟	0.64	2016	2016	
有机肥	0.64	2016	2016	
碳排放	0.64	2016	2016	
大气升温	0.64	2016	2016	
碳封存	0.64	2016	2016	
地球工程	1.43	2017	2020	
低碳发展	0.66	2017	2017	
气候变化	1.16	2018	2020	
气候安全	0.68	2018	2018	
气候政策	0.68	2018	2018	
成本评估	0.68	2018	2018	
温室气体	0.86	2019	2019	
区域差异	0.78	2019	2020	
温控目标	0.90	2020	2020	
零排放	2.62	2021	2022	
碳捕集	0.68	2021	2022	

资料来源：笔者整理所得。

表3－4　　　　　　中国温控目标下净零排放领域突现词图谱

关键词	突现度	起始年份	终止年份	2012～2022 年
基因	15.13	1991	2014	
细胞周期	7.24	1991	2008	
酿酒酵母	21.94	1993	2013	
大肠杆菌	14	1995	2015	
蛋白质	8.34	1995	2008	
低温治疗	10.3	1998	2011	
体内	11.58	2003	2014	
抑制	7.7	2003	2014	
转录因子	10.23	2005	2017	
风险评估	7.7	2005	2009	
晶体结构	7.51	2006	2015	
传播	8.54	2007	2012	
昏迷	8.32	2007	2018	
轻度低温	7.2	2007	2018	
聚合酶链反应	10.57	2009	2015	
表达	13.75	2010	2014	
癌症	7.61	2010	2013	
身体温度	7.2	2011	2017	
增长	7.63	2013	2014	
目标温度管理	9.87	2015	2018	
归纳	7.71	2015	2018	
疗法	8.07	2016	2018	
苏醒	7.4	2016	2018	
生命周期评估	14.73	2020	2022	
能源效率	11.14	2020	2022	

资料来源：笔者整理所得。

由此共得到17个突现词，按照首次出现的时间进行排序发现，温控目标下净零排放的研究可大致分为三个阶段。

第一阶段（2012～2016 年）为研究开始的量化阶段。涉及的核心关键词主要有碳排放量和碳排放，由此可以发现，此阶段排放成为研究核心，与此同时也在研究过程中关注到大气升温和有机肥等问题。这一阶段中国正处于农业生态文明建设提质发展的阶段，农业现代化开始更加注重发展和保护共赢的原则。因此，研究热点除了碳排放本身，还涉及与碳排放相关的碳的来源和碳排放所带来的后果。

第二阶段（2017～2019 年）是研究拓展阶段。可以发现，研究由量化分析转变为措施研究。此阶段的研究主要从低碳发展和气候方面出发，开始分析实现温控目标下净零排放的有效政策和方法。梁晓霏（2022）从循环经济角度分析中国在全球废塑料回收利用中起到的关键作用；孙振清等（2019）指出在 1.5℃温控目标下我国避免碳陷阱、促进碳脱钩的实践与展望；黄宁钰（2019）围绕着"温控阈值目标下中国的二氧化碳减排"问题为切入点，探究了中国二氧化碳排放的现状、影响因素、排放路径预测、省际和行业的碳排放权分配。

第三阶段（2020 年至今）为问题解决探究阶段。核心关键词主要有温控目标、碳捕集等，可以看出，现阶段更加关注实现温控目标下净零排放的具体措施。

国际上对温控目标下净零排放的研究在整体上呈现出突现词数量较多且频次高的特征，关键词主要集中在两个领域：一为生物学领域，如基因、细胞周期、聚合酶链反应等；二为医药学领域，如昏迷幸存者、治疗性低温、昏迷幸存者等。自 1991 年开始出现突现词，表明在 1991 年之后，国际在该领域的研究不断丰富。"基因""酵母菌""大肠杆菌"的突现时间最早，且持续时间较长，分别突现起始于 1991 年、1993 年和 1995 年，分别于 2014 年、2013 年和 2015 年出现下降，说明生物学是温控目标下净零排放领域最早研究且持续性较好的学科领域。1991～2014 年，出现的变化率最高的两个关键词是"酵母菌"和"基因"，突现度分别达 21.9 和 15.13；2015～2019 年，最高的两个关键词是"目标温度管理"和"低温治疗"，突现度分别达 9.8 和 8.07；"生命周期评估"和"能源效率"作为 2020～2022 年目前仅存的突现度最高的两个关键词，分别具有 14.73 和 11.14 的突现度，成为近年来的研究热点。

（三）关键词聚类分析

分别对国内外温控目标下净零排放相关研究的高频关键词进行聚类分析，CiteSpace 软件通过聚类分析法自动生成聚类标签，各聚类标签中包含诸多关键词。国际净零排放和温控目标研究形成 15 个聚类，中国温控目标下净零排放研究形成 10 个聚类，本章对国际关键词数量最多的前 10 个聚类和中国所有关键词聚类进行分析。国内外温控目标下净零排放研究关键词时间线如图3－7和图3－8 所示。

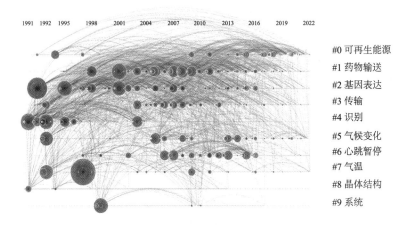

图 3－7　国际温控目标下净零排放领域关键词时间线图谱

资料来源：笔者绘制所得。

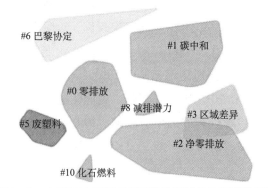

图 3－8　中国温控目标下净零排放领域关键词聚类图谱

资料来源：笔者绘制所得。

从研究热点来看，国际温控目标下净零排放研究热点集中于可再生能源、气候变化、气温等（Rogelj et al.，2015；Peters et al.，2017）；国际研究热点在内容上从生物学、气象学等少数学科逐步扩展到化学、机械学、农学、医学等学科领域。除系统聚类的发展进度相对停滞以外，大部分聚类单元保持良好的延续性，其中可再生能源（#0）、基因表达（#2）、气候变化（#5）、气温（#7）聚类的文献规模相对较大，但近些年的研究热度均有所下降，主要是由于近些年来的研究热点更为广泛使得文献数量下降所导致的。这些研究热点的变化体现出国际学者对温控目标下净零排放的研究不断深化的特点，也表明研究热点与世界经济发展水平、应对气候政策和学科之间的相互联系发展有关。

中国温控目标下净零排放研究共形成 118 个节点、229 条线，其 Q 值和 S 值分别为 0.7547 和 0.9622，说明所生成的聚类图谱是显著和合理的。由图 3－4 可以得知，目前中国的研究热点集中于零排放（#0）、碳中和（#1）、净零排放（#2）和区域差异（#3），除区域差异的发展进度相对停滞以外，其余三个聚类单元至今都有较好的连续性，处于发展的上升期。聚类#0 包含 27 篇论文，是论文数量最多的聚类，主要涉及能源、低碳技术、供应等几方面；聚类#1 涵盖化工、碳封存等方面，含有 16 篇论文，聚类#2 的 14 篇论文主要从气候、生物等方面进行阐述。由于中国较国际研究时间较短，与国际所研究的关键词无重复部分。各聚类单元之间的联系相对较少，这需要在之后的研究中进一步改善。

第三节　温控目标与产业生态化

自 2016 年《联合国气候变化框架公约》缔约方通过《巴黎协定》后，温控目标下净零排放得到国内外学者的高度关注，国内外在该领域的研究成果相对于各自在过去时间内呈现爆炸式增长，说明温控目标下净零排放研究在未来仍是国内外经济进步和社会发展的核心内容，但中国的理论研究目前仍具有很大的发展空间，值得国内学者不断深入探讨。基于上述研究，本章提出以下展望，期待在后续的研究中可以提供有意义的借鉴。

第一，逐步建立完整的研究体系和理论框架。相比较国际研究来说，中国目前对于温控目标下净零排放的研究尚处于起步阶段，研究体系和理论框架还不完善。构建"双碳"目标下的温控目标下净零排放体系框架，借助"双碳"新要求，对中国已有的研究体系进行完善，推进生态文明建设的进行。

第二，深化国际合作，促进领域研究细化。在目前的研究热点中，缺少针对不同领域的温控目标下净零排放研究，中国目前的研究热点范围集中化。因此，对于不同领域，中国不仅需要与国际其他研究中心开展学术交流活动，而且在国内不同的研究机构和学者之间交流研究成果，共同应对气候变化难题；扩充中国在该领域不同热点的研究，推动研究热点的广泛化。

第三，制定更具有操作性的政策措施和技术标准。政府为实现温控目标下净零排放，我国已制定了一系列相关的政策和技术标准。由于我国相关领域的研究时间较短，相关文献数量比较少，使得相关政策和技术缺少完善的理论指导。因此，在加强研究的同时，探究更加完善、多元、具有操作性的政策和技术标准，使得该领域的研究具有历史阶段性。

第二篇　技术篇

第四章　乡村振兴与粮食产业可持续发展

　　世界粮食安全和营养状况（2020）显示，粮食不安全会使得食物膳食结构改变，从而加大营养不良出现的风险（张露和罗必良，2020）。2019年，全球有接近6.9亿人（占世界总人口的8.9%）处于饥饿或者食物不足的状态。[①] 全球粮食危机报告（2020）指出，截至2019年底，55个国家的1.35亿人面临严重的粮食安全危机，此外，超过1.83亿人处在粮食不足的状态下，如果叠加 COVID－19 影响，极有可能陷入严重的粮食危机。[②]

　　各国加强了对于粮食产品的出口监测，食品价格指数也有所上升。目前全球已有19个国家对累计28项产品实施了贸易禁令，[③] 2020年3月，世界第三大稻米出口国越南宣布暂停签订新的大米出口合同；全球主要小麦出口国哈萨克斯坦宣布禁止小麦粉、胡萝卜、糖和土豆出口；塞尔维亚宣布暂停出口葵花籽油等农产品；全球重要的农产品出口国俄罗斯农业部对粮食出口建立临时配额，4月1日至6月30日，小麦、黑麦、大麦和玉米等出口量不得超过700吨。2020年6月食品平均价格指数为93.2，比5月增长2.4%，也是2020年来首次上涨。谷物和肉类价格较5月略有下降，仍受价格下行压力影响。乳制品、糖和植物油5月相比则有所上涨，涨幅分别为4.0%、10.6%、11.3%。乳制品的进口需求继续上升，加上欧洲供应

---

① 2020《世界粮食安全和营养状况》概要版（中文），http：//www.fao.org/3/ca9699zh/CA9699ZH.pdf。

② The Global Report on Food Crises 2020，http：//www.fightfoodcrises.net/food－crises－and－covid－19/en.

③ Tableau Public. Export Restrictions Tracker［EB/OL］.［2020－03－27］. https：//public.tableau.com/profile/laborde6680#! /vizhome/ExportRestrictionsTracker/FoodExportRestrictionsTracker.

减少，导致了价格上涨，但未超过上年同期水平；原油价格的暴涨导致糖类主要出口国巴西投入更多的甘蔗生产，影响了糖类的出口供应；多国放松贸易封锁措施，全球植物油需求上升，导致价格升高。[①]

全球粮食生产整体稳中有升，中国粮食生产基本面呈现良好态势（程国强和朱满德，2020）。联合国粮农组织在 2020 年 7 月最新发布的《粮食展望》中指出，2020 年对世界谷物产量的预测继续上调 930 万吨，目前约为 27.90 亿吨；全球产量将比 2019 年高出 3.0%，创下历史新高。对全球小麦、粗粮、大米的产量预计分别为 7.615 亿吨、15.19 亿吨、5.092 亿吨，除小麦基本保持与 2019 年持平外，粗粮和大米分别比 2019 年增长 5.0% 和 1.7%。[②]

第一节　粮食产业风险识别与测度

一、粮食产业风险识别

粮食产业风险的概念是由联合国粮农组织于 1974 年提出的，其概念也在不断丰富（万宝瑞，2016）。20 世纪 70 年代，由于气候变化引起的全球自然灾害，使得全球许多国家的粮食安全出现了问题，粮食安全是保证所有人在任何情况下能够得到为了生存和发展的足够食物（李春顶和谢慧敏，2020）。20 世纪 80 年代，虽然从全球看，世界粮食产量和储备都增加了许多，但是一些国家仍然面临着严重的饥饿问题，粮食安全是确保所有人能够在任何情况下既能买到而且买得起基本食物，1992 年，中国政府将粮食安全表述为能够有效地提供给全体人民充足的数量、合理的结构、质量达标的包括粮食在内的多样化食物。基于以上分析可以发现，粮食产业安全是囊括了数量安全、质量安全和结构安全三位一体的议题，其中，数量安全主要指粮食的产量、贸易量以及储备量等（何秀荣，2020），是否能够满

---

① 全景财经. 全球粮食危机？6 国禁止出口，联合国紧急预警！中国不慌 [EB/OL]. [2020 - 03 - 31]. http：//www. p5w. net/kuaixun/202003/t20200331_ 2392655. htm.

② Food and Agriculture Organization of the United Nations. Crop Prospects and Food Situation [EB/OL]. [2020 - 07 - 02]. http：//www. fao. org/worldfoodsituation/csdb/en/.

足国家稳定供给的需要；质量安全是指粮食卫生并且达标、品质合格，能够保障基本的健康需求；结构安全是指粮食种植结构、消费结构等合理并且平衡，基于中国的特殊国情，还需要对于产业安全进行关注，也就是在生产、流通、贸易、市场、价格以及加工转化等环节能够抵御各种风险（罗屹等，2020）。对于粮食产业风险的研究需要从多个维度来测度，特别是粮食产业风险是动态的概念，是随着所处的外部环境发生变化的，而对中国粮食产业风险的测度结果需要进一步深入分析。为此，本章以中国粮食产业风险作为出发点，从粮食产业环境、国际竞争力、对外依存度以及对内控制力四个维度进行评价，分析了粮食安全状况并提出了针对性保障措施。

二、粮食产业风险测度

基于对粮食安全涉及的几个方面，本章将粮食产业安全分解为粮食产业环境、国际竞争力、对外依存度以及控制力四个维度，如表 4 - 1 所示。

表 4 - 1　　　　　　　　粮食产业安全评价指标涵盖方面

表征指标	指标项	具体指标
粮食产业环境	粮食产量增长率	粮食产量增速
	粮食需求总量增长率	粮食总需求增速
粮食产业国际竞争力	粮食自给率	粮食产量/粮食消费量
	贸易竞争程度	进出口差额与进出口总额之比
对外依存度	进口依存度	粮食进口/粮食消费总量
	出口依存度	粮食出口/粮食消费总量
控制力	外资市场控制力	外资企业市场份额
	外资国别集中度	外资母国所占国别份额

1. 粮食产业环境

粮食产业环境是保障国内粮食产业安全的基础。粮食产业环境包括政府规制和市场环境两个层面，本章以粮食产量增长率来表征政府规制，以国内粮食需求总量增长率来衡量市场环境。

2. 粮食产业国际竞争力

粮食产业国际竞争力是适应国际竞争环境，发展国内产业的基础，同时也是粮食产业安全的核心，粮食产业国际竞争力主要包括产业国内的市场份额和产业贸易竞争力。产业国内的市场份额主要是指粮食自给率，其份额越大，表明国内市场上占有的空间越大；产业贸易竞争力是反映国际竞争力强弱的指标，采用粮食出口总额与进口总额的差额以及粮食出口额和进口额之和来衡量。

3. 对外依存度

粮食对外依存度主要反映粮食产业容易受到国外冲击的状况，主要包括产业进口依存度和产业出口依存度两个方面。粮食产业进口依存度表征粮食产业对产品进口的依存程度，用国内当年进口粮食与当年总消费额之比衡量，产业出口依存度越高，说明粮食产业更容易受到国外的影响，产业安全程度越低。

4. 控制力

粮食产业控制力主要表征粮食产业容易受到国外控制的程度，主要包括外资市场控制率和受到控制的企业外资国别上的集中程度。

5. 安全等级划分范围

本章将粮食产业风险状态划分为安全、基本安全、不安全、很不安全四个等级，分别对应着 A、B、C、D，同时，形成粮食产业安全的四个等级划分状态，如表4-2所示。

表4-2　　　　　　中国粮食产业安全评价指标范围

项目	A	B	C	D
	安全	基本安全	不安全	很不安全
粮食产量增长率	3%以上	2%~3%	1%~2%	1%以下
粮食需求总量增长率	2%~3%	1%~2%	0~1%	负增长或者3%以上
粮食自给率	95%以上	87%~95%	82%~87%	82%以下
贸易竞争程度	0.5~0.8	-0.5~0.5	-0.8~0.5	-1.0~0.8
进口依存度	5%以下	5%~13%	13%~18%	18%以上
出口依存度	20%~30%	10%~20%，30%~40%	5%~10%，40%~50%	0~5%，50%以上
外资市场控制力	0~20%	20%~30%	30%~40%	40%以上
外资国别集中度	30%以上	20%~30%	10%~20%	10%以下

第二节 中国粮食产业风险测度结果

一、中国粮食产业环境变化态势

自 2001 年中国进入世界贸易组织后，中国融入全球贸易体系的进程加快，在积极扩大对外开放的同时，中国立足国内粮食需求状况，利用国际市场调剂余缺成为重要的一环。中国粮食产量总体上呈现上升趋势，自 2015 年以来趋于稳定，维持在 6.6 亿吨左右，如表 4 - 3 所示，2019 年全国粮食产量创下历史新高，达到 6.64 亿吨。

表 4 - 3　　　　　2000 ~ 2018 年中国粮食产量和消费量

年份	产量（万吨）	增速（%）	消费量（万吨）	余缺（万吨）	增速（%）
2000	46 217.52		46 400.61	- 183.09	
2001	45 263.67	- 2.06	45 420.97	- 157.29	- 2.11
2002	45 705.75	0.98	45 853.17	- 147.42	0.95
2003	43 069.53	- 5.77	43 198.89	- 129.36	- 5.79
2004	46 946.95	9.00	47 084.77	- 137.82	9.00
2005	48 402.19	3.10	48 544.47	- 142.28	3.10
2006	49 804.23	2.90	49 935.78	- 131.55	2.87
2007	50 413.85	1.22	50 544.63	- 130.77	1.22
2008	53 434.29	5.99	53 569.67	- 135.38	5.98
2009	53 940.86	0.95	54 072.61	- 131.75	0.94
2010	55 911.31	3.65	56 044.67	- 133.36	3.65
2011	58 849.33	5.25	58 989.67	- 140.35	5.25
2012	61 222.62	4.03	61 374.57	- 151.95	4.04

续表

年份	产量（万吨）	增速（%）	消费量（万吨）	余缺（万吨）	增速（%）
2013	63 048.2	2.98	63 202.72	−154.52	2.98
2014	63 964.83	1.45	64 131.61	−166.78	1.47
2015	66 060.27	3.28	66 223.69	−163.42	3.26
2016	66 043.51	−0.03	66 237.34	−193.82	0.02
2017	66 160.72	0.18	66 306.82	−146.09	0.10
2018	65 789.22	−0.56	65 861.94	−72.72	−0.67

资料来源：2000~2018 年《中国统计年鉴》，消费数据来源于 Wind 数据库，其中，▨——A；▨——B；▨——C；▨——D。

从粮食产业环境来看，随着我国城镇化的快速推进，城乡差距日益扩大，城市周边的土地被大量挤占，此外，非农收入包括打工收入的增加使得农村撂荒以及非粮食作物种植面积的增加，使得粮食产量呈现波动状态，2000~2018 年，有 6 年粮食增速处于很不安全状态。从粮食消费需求增速来看，多数年份处于负增长或者增速超过 3%的状态，特别是在 2008 年全球金融危机之后，由于中国经济增长进入新常态，对粮食需求进一步增加，但是到 2018 年，粮食的供给与需求缺口有所缩小。

针对中国主要粮食生产而言，我国稻谷、小麦产量始终处于均衡发展趋势，居民消费量也远低于产量，进口依存度较低。如表 4-4 所示，受国家宏观调控及供给侧结构性改革影响，自 2015 年以来，玉米的产量不断下降。尽管 2018 年玉米消费量为 30 354 万吨，高于产量 25 717 万吨，但我国居民主粮消费结构已经有很大不同，玉米逐渐从主粮中淘汰，更多用于生产饲料、乙醇等，因此并不会影响粮食安全。

表 4-4　　　　　2007~2018 年中国主要粮食产量及消费量　　　　单位：万吨

年份	大豆产量	大豆消费量	玉米产量	玉米消费量	小麦产量	小麦消费量	稻谷产量	稻谷消费量
2007	1 279.3	4 987.0	15 512.3	15 435.4	10 949.2	10 585.4	18 638.1	18 366.8
2008	1 570.9	5 354.5	17 212.0	16 816.9	11 290.1	10 431.2	19 261.2	18 320.2
2009	1 522.4	6 062.2	17 325.9	17 855.8	11 579.6	10 103.0	19 619.7	18 208.4
2010	1 541.0	6 772.5	19 075.2	16 361.8	11 609.3	10 784.0	19 722.6	18 013.9

年份	大豆产量	大豆消费量	玉米产量	玉米消费量	小麦产量	小麦消费量	稻谷产量	稻谷消费量
2011	1 487.9	7 393.3	21 131.6	16 355.1	11 857.0	12 007.0	20 288.3	17 810.0
2012	1 343.6	7 458.9	22 955.9	22 062.1	12 247.5	11 076.0	20 653.2	17 284.0
2013	1 240.7	7 953.4	24 845.3	16 391.2	12 363.9	10 463.2	20 628.6	16 687.0
2014	1 268.6	8 891.7	24 976.4	18 699.1	12 823.5	10 858.4	20 960.9	19 452.6
2015	1 236.7	9 346.0	26 499.2	19 897.9	13 255.5	11 340.3	21 214.2	19 474.1
2016	1 359.6	11 016.0	26 361.3	24 125.8	13 318.8	12 045.8	21 109.4	19 590.7
2017	1 528.3	10 996.0	25 907.1	28 104.0	13 424.1	11 176.7	21 267.6	19 435.9
2018	1 596.7	9 675.0	25 717.4	30 354.0	13 144.1	11 537.9	21 212.9	19 949.1

资料来源：国家统计局；Wind 数据库。

但不可否认的是，中国对于大豆的进口依赖程度一直较高。农业农村部数据显示，2019 年进口大豆数量达 8 851 万吨，占全球大豆贸易量的 60%。在中美贸易摩擦加剧的背景下，国家开始大力扶持大豆种植，大豆产量明显上涨。同时减少了对美国的大豆进口，巴西逐渐成为我国大豆的第一进口国。2018 年我国从巴西进口大豆 6 610 万吨，占比高达 75.1%。

二、粮食产业国际竞争力分析

2019 年，中国农产品进出口总额为 2 284.3 亿美元，同比增长 5.5%。同时中国的贸易逆差地位没有改变，2019 年中国农产品贸易逆差达到 712.8 亿美元，同比增长 23.3%。由图 4 - 1 可知，除 2015 年、2016 年受全球经济复苏动力匮乏、国际国内需求低迷影响外，2017 年之后中国农产品进口总额呈现上升趋势。

如表 4 - 5 所示，2020 年农产品进出口贸易受到冲击，1 ~ 2 月中国粮食出口金额与 2019 年同期相比下降 15.43%。5 月，粮食进出口贸易回暖，进口金额与上年同期相比增长 29.56%。

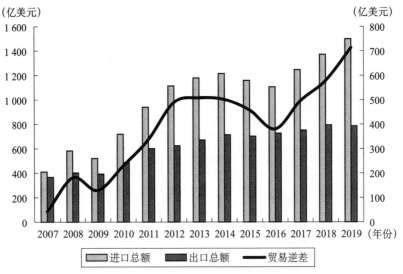

图 4 - 1　2007 ~ 2019 年中国农产品进出口贸易额

资料来源：笔者根据中国商务部对外贸易司官网农产品贸易专题信息整理所得。

表 4 - 5　　　　　　　　　2020 年 1 ~ 5 月中国粮食进出口状况

月份	出口（百万美元）	与 2019 年同期相比（%）	进口（百万美元）	与 2019 年同期相比（%）
1 ~ 2	225. 8	- 15. 43	6 488. 2	- 1. 03
3	246. 3	26. 57	2 429. 9	- 3. 70
4	223. 2	- 10. 40	3 348	- 11. 17
5	235. 7	1. 68	4 442. 7	29. 56

资料来源：笔者根据中国海关总署官网海关进出口数据整理所得。

三、粮食产业安全综合评价

如表 4 - 6 所示，中国的粮食产业安全总体呈现出波动变化态势，但是在不同指标上存在一定的差异。

表 4 - 6　　　　　　　　　粮食安全综合评价

年份	粮食产量增长率	粮食需求总量增长率	粮食自给率	贸易竞争程度	进口依存度	出口依存度	外资市场控制力	外资国别集中度
2001	D	D	A	B	A	D	B	C

续表

年份	粮食产量增长率	粮食需求总量增长率	粮食自给率	贸易竞争程度	进口依存度	出口依存度	外资市场控制力	外资国别集中度
2002	D	C	A	B	A	D	B	D
2003	A	D	A	B	A	D	C	D
2004	A	D	B	C	B	D	C	D
2005	A	D	B	C	B	D	C	D
2006	B	A	B	C	B	D	C	D
2007	C	B	B	C	B	D	C	D
2008	A	D	B	D	B	D	C	D
2009	D	C	B	D	B	D	B	D
2010	A	D	B	D	B	D	B	D
2011	A	D	B	D	B	D	B	D
2012	A	D	B	D	C	D	B	D
2013	B	C	C	D	C	D	A	D
2014	C	B	C	D	C	D	A	D
2015	A	D	C	D	D	D	A	C
2016	D	C	C	D	D	D	A	D
2017	D	C	C	D	D	D	A	D
2018	D	D	C	D	D	D	A	D

2008～2015 年，中国粮食产量增速呈现出快速增长的态势，平均增速为 2.3%，处于总体安全状态，从 2016 年起，开始实施农业供给侧结构性改革，粮食产量增速有所下降。从粮食需求增速来看，世界粮食价格下降与中国粮食需求增加构成强烈的反差，粮食消费需求增速波动巨大，过高或者过低的需求增速会增加我国的粮食产业风险。从 2015 年开始，中国粮食自给率首次进入了基本安全的通道，需要高度关注，从 2008 年开始，贸易竞争程度处于很不安全的状态，中国农产品大量依赖于进出口，对国外产品的需求呈现出迅速增长的态势，进口依存度和出口依存度都处于很不安全的状态，同时，外资国别集中度多年处于很不安全区间，产业风险较大。

第三节　乡村振兴中国粮食产业风险应对对策建议

针对中国粮食产业风险，需要在以下几个方面积极应对。

一是要保证贸易开放和粮食供应链的正常运转。国际贸易是保障食物供给的重要手段，应尽量消除贸易壁垒，打通贸易渠道，稳定粮食市场。把稳定粮食供应链纳入经济社会发展。继续与联合国、世界卫生组织等国际组织展开密切沟通与合作，支持其在尊重国际规则的基础上发挥更大作用；加强双边和多边国际交流与合作，通过外交手段与采取限制贸易措施的国家进行交涉，维护国际粮食市场稳定和进出口贸易有序进行；加强中国的进出口贸易供应链的完善，提高港口的基础设施条件，同时运用信息化手段，保障运输的效率与安全。

二是加强国际交流与合作。经济全球化背景下没有一个国家能够独善其身。应加强国际合作和经验分享，提高全球治理水平，这同样是共建人类命运共同体的要求。

三是扩大粮食进出口贸易的来源，优化贸易格局。随着近年来我国农产品贸易伙伴的扩充，中美贸易摩擦对我国农产品造成的影响仍然在可控范围内。作为长期处于逆差地位的我国，粮食进口的持续稳定性至关重要。除了增加贸易伙伴、减少对某一国家的贸易依赖度外，扩张农产品种类、提高产品间的可替代性也是提高农产品来源稳定性的重要途径，有利于分散进口风险。未来我国将以企业为主体拓展农产品多元化国际市场。在出口方面，继续分区分级精准引导农产品供应链尽快全面恢复；加大对企业出口的政策支持，鼓励更多企业申请国际认证认可，进一步拓展优势农产品出口市场；进口方面，统筹谋划国际农产品交流推介工作，在国内举办更多博览会、交易会等活动，吸引更多国家同中国的贸易往来合作。

四是建立粮食宏观调控体系和粮食安全保障机制。目前，我国已经初步建立起符合国情的粮食应急保障体系。除了有充足的原粮储备外，我国已在人口集中的大中城市和价格易波动地区建立了能够满足 10～15 天的成品粮储备，此外还布局建设一批应急加工企业、应急供应网点、应急配送中心和应急储运企业。抵御国际贸易环境变化的风险与不确定性，维持国内农产品市场供应的稳定和农户生计可持续是贸易竞争力的一个重要内涵。要通过反思应对突发事件暴露出来的缺点、漏洞，继续对中国的粮食储备体系和应急机制进行完善，提高粮食贸易的抗风险能力，减缓国际市场不稳定性和重大公共安全事件造成的冲击。

第五章 产业生态化与农业生态效率

农业生态效率是关系乡村振兴战略与小康社会实现的关键科学命题。党的二十大报告指出，全面推进乡村振兴，实现全民共同富裕是农业农村优先发展的应有之义，2024年，《中共中央 国务院关于学习运用"千村示范、万村整治"工程经验有力有效推进乡村全面振兴的意见》发布，聚焦运用"千村示范、万村整治"工程经验有力有效推进乡村全面振兴，其中治理农村生态环境突出问题成为凸显短板，特别是在深入开展农药化肥减量行动方面，加强农膜污染治理更是未来现代农业发展的突出难题。联合国粮农组织（FAO）指出，化肥农药等在对粮食生产作出巨大贡献的同时，也冲击着全球的生态环境，产生了巨大的环境成本，由于化肥的过度使用，亚洲和欧洲面临着土壤酸化、地表以及地下水污染严重等一系列问题，同时，撒哈拉以南的非洲地区由于化肥使用不足，导致土壤中的养分随作物生长飞快流失，进而导致土壤退化、最终出现减产的局面，为此，如何在既定投入情况下产出最大化或者在既定产出情况下投入最小化，实现化肥农药等高效利用是摆在全球农业生产者之间的难题。农业生态效率作为农业绿色发展的测度与表征指标（王宝义，2018），是着力破解产出最大化与投入最小化的"理想手柄"，是关系我国农业高质量发展以及乡村振兴战略目标实现的重要议题。然而，农业生态效率在实践中出现了一些亟待破解的难题，其中主要包括农户尺度农业生态效率的不同生产方式中生态效率测度框架体系需要构建，流域尺度的农业生态效率空间格局需要辨识，农业生态效率溢出效应需要厘定，针对多种生产方式下以及纳入农户相互影响的农业生态效率影响因素需要重点辨识等。

第一节 资源—环境约束下农业生态效率

资源—环境约束下寻求农业可持续发展已经常态化。党的二十大报告指出，我国面临着资源约束趋紧、环境污染严重的严峻挑战，加快形成资源节约和保护环境的生产方式是"绿水青山就是金山银山"的核心要义。农业的可持续发展依赖于农业资源高效利用。农业在我国整个社会经济发展中起着基础作用，从 2004 年开始，我国的粮食生产实现了"二十连丰"，2023 年，全国粮食总产量 13 908.2 亿斤，[①] 粮食连年增收的背后，是多年来粗放的经营生产方式以及化肥、农药、农膜等生产物资使用量的"影子"（张露等，2020）。为此，农业农村部从 2015 年开始实行化肥农药使用量零增长行动，取得了明显的效果。具体来看，到 2017 年底，三大主粮的化肥利用率是 37.8%，农药利用率是 38.8%，与 2015 年相比，二者均提高了 2.2 个百分点，[②] 化肥使用量连续两年呈现下降态势，化肥农药利用率明显提高，但是，在现有零增长水平下，实现化肥农业转为负增长有较大的压力（刘华军等，2019）。同时，随着中国城镇化、生态保护以及小康社会建设进入了发展的新时期，资源—环境双重约束下发展成为未来发展的主旋律（罗平，2020），特别是在面对水资源、土地资源约束以及污染物排放压力的状况下，农业的发展必须走一条产业绿色化的路子，亟须对不同生产方式农业生态效率这一测度关键指标进行辨识。

生态效率（eco-efficiency）的概念起源于国外，最早是由德国的学者提出的，集成了经济与生态双向效率的理念（程翠云等，2014），用来测度由于发生某种变动之后所引起的经济价值变动与变动导致的环境影响之间的变动关系。随着国内外研究的不断深入，生态效率的概念也日臻完善，学术界比较认可的概念是人类依托必要的资料与改善生活质量的产品和服务，

---

① 国家统计局关于 2023 年粮食产量数据的公告，https：//www. gov. cn/lianbo/bumen/202312/content_ 6919545. htm。

② 农业现代化辉煌五年系列宣传之二十六：化肥农药使用量零增长行动取得明显成效，http：//www. jhs. moa. gov. cn/ghgl/202107/t20210716_ 6372084. htm。

以达到环境与经济协调耦合的目标。农业生态效率是生态效率在农业领域的具体应用，农业生态效率是以农业资源的可持续利用为核心，以着力实现资源节约与污染物排放减量为目标，在满足人类对于农产品的需求的基础上，评价农业生产和经济综合绩效的指标，也就是基于农业投入产出指标和生态投入产出指标综合测度。农业生态效率的目标是实现农业生产过程中资源的高效利用，着重衡量自然生态中的资源与农业经济生产之间的关系，换句话说，是指在农业生产过程中，同时实现农业生产高效、资源投入减量和废弃物损失减量多重目标，其主要特征包括以下五个方面：实现资源的高效利用且最大限度地使用可再生资源；避免生产过程对当地以及周围的环境造成环境损失；产出期望的农业生产产品；维护生物的多样性；对社会经济以及环境的影响能够快速地作出调整（张红宇等，2019）。依托上述的研究判读，农业生态效率的内涵可以概括为以下三个层面。第一个层面是农业生态效率展示了一种对于农业整个生产过程的调控研究方法，要想增加农业的总体产出水平，必须想方设法地提高农业系统中各个投入要素的利用效率，为此，在这种状态下，不仅是减少农业生产过程中化肥农药等生产性物资的使用，更包括依托技术（混合种植、轮作以及农业与牧业互补等）来有效地实现农业产出水平的提高。第二个层面是农业生态效率应当是农业生产所追寻的一个关键目标。农业生态效率的高低意味着农业资源利用效率的高低，而利用效率的提高则表征着向环境中排放的污染物的减少。生态效率的提高是以减少系统中的不利影响作为"回报"的，其提高能够有效减少农业生产过程中的化石燃料、化肥、农业等物资的投入，降低农业整个生产成本，间接地增加了农业收入，为此，农业生态效率高低符合农业可持续发展的整个思想内涵与外延，是农业产业生态化所必不可少的发展目标。第三个层面，农业生态效率是对农业生产过程中可持续发展能力实现评估的重要手段（林文声等，2018），农业生态效率能够有效地评估生态经济绩效，为评估提供了重要手柄。

效率理论着力分析资源的有效性与人类欲望的无穷性之间的冲突，"帕累托效率"是最早出现且在经济学中得到广泛认同的资源利用效率相关理论，《新帕尔格雷夫经济学大辞典》指出，效率是指资源的利用效率，随后，萨缪尔森（Paul A. Samuelson）和诺德豪斯（Nordhaus）指出，效率是指不存在浪费，当存在这样一种状态，在这种状态下，社会增加某一种产品产出的时候不得不以损害或者减少另一种产品的产出作为代价，那么这样的生产就是有效的，此时所指出的效率是描述的资源使用上的"最适度"或者"最佳"的状态。但是，随着经济研究理论与发展实践的发展，"效率"的概念并没有得到确切的统一定义，虽然"帕累托效率"能够指出资源实现有效配置时候的可能性边界，但是却无法辨识资源的实际配置状态与有效配置状态之间的差异分布状况，无法给出可行的扩展途径。为此，众多学者在使用效率时，采用了反映资源利用状况与配置状况的概念来对效率进行研究，并且这一内涵也逐步得到了认可，此时，效率的研究不仅体现了资源的实际使用与配置状况，而且可以映射出对于资源利用的"最优"状态，基于考察资源利用的侧重点不同，又将效率分解为使用效率和生产效率两个部分。由此，效率的一般意义是指在一定生产条件和技术水平下，有限的生产资源与所能提供给人类消费之间的关系比值。

第二节　农业生态效率测度方法

农业生态效率的综合测算与评价依据学科的差异存在较大的不同。从方法来看，主要包括比值法、生命周期评价法、生态足迹分析法、能值分析法、数据包络分析法、随机前沿分析法等。

比值法是使用最早的测度方法，目前已经逐步淡出了学者的视野。早期的生态效率评价方法主要利用经济价值与资源环境所产生的影响比值来测算，其中较为普遍的测算公式是由世界可持续发展工商业联合理事会（WBSCD）提出的，如下：

$$生态效率 = \frac{产品经济价值}{产品形成的环境影响}$$

农业生态效率采用比值法计算过程中特殊性主要表现为：在整个农业的生产过程中，不仅会由于化肥、农药等使用造成负面影响，如农药残留、土壤板结等，也会由于农作物本身所具有的固碳作用，吸收有毒气体等产生正面作用。为此，在计算过程中，其公式变形如下：

$$农业生态效率 = \frac{农产品经济价值}{农产品形成的环境负效应 - 环境正效应}$$

依托比值法测算在一定程度上表征了经济发展可能对环境造成的负向影响，但是，这一指标的缺陷在于仅考虑了产出端的影响，对于投入端的刻画完全忽视了，但是对于农业来说，其产生的资源环境影响恰恰是在投入端产生的，为此，这种方法逐步淡出了学者的研究视野。

生命周期评价法是在 20 世纪 60 年代起源的方法，由于资源消耗以及石油危机等对于社会经济的发展产生了较为严重的影响，但是国内外学术研究评价方法局限于少数的集中环境负荷方法，到 20 世纪 90 年代，随着可持续发展研究的逐步深入，"生命周期评价"方法出现。其具体定义是由国际环境毒物和化学学会以及国际标准化组织给出的，具体是指评估产品在整个生产过程中（从原材料提取、材料制备直到产品成为废弃物）所产生的能源与资源消耗以及废弃污染物所产生的潜在的影响。生命周期评价法的定量化出现在 1990 年，是由瑞士研究人员研发的生态稀缺法，其计算公式如下：

$$\frac{\text{Ecopoints}}{\text{kg}} = \frac{\text{Emissions}_A}{\text{Emissions}_T} \times \frac{1}{\text{Emissions}_T}$$

其中，A 表示实际环境负荷，T 表示在理想状态下的环境负荷。

依托生命周期法进行测算的过程中，由于需要测算整个过程，特别是在农业生态效率的测算中，由于边界界定比较困难，而且整个分析过程中数据比较复杂，同时，对于区域之间的比较分析机制有待进一步深化。

生态足迹法是于 20 世纪 90 年代初，首先由加拿大的生态学家威廉·里斯（William Rees）提出来的，之后由马蒂斯·瓦克纳格尔（Mathis Wacker-nagel）给予发展完善，主要通过比较人类的生产活动对自然的整体损耗，通过转换系数转换为对应的土地面积，并且将这一值与自然所能够提供给人类的总体供给量进行比对，并根据比对结果判定区域的经济发展是否在生态系统的承载范围之内。如果人类活动所需要的生产力面积大于自然界所能够提供给人类的使用量，此时，就处于生态资源过度利用状况，生态足迹法简单易用并且具有全球可比性。但是生态足迹法在使用过程中存在一些缺陷，具体表现为测算中缺乏对于生物各项资源的产品实际消费数量的数据，为此，采用不同的产品使用数据进行替代，容易造成误差，此外，账户涵盖中缺少对于地下水资源的测算，并且未对生产过程中土地的质量进行关注。

能值分析方法是由美国的著名生态学家奥德姆（Odum）在 20 世纪 80 年代提出的，着力定量评价"自然—经济—社会"复杂系统的方法。这一方法主要是以能值作为研究的核心，通过能值转化率将生态系统中的不在同一类型与同一种类的能量转换成同一标准的太阳能值来对系统内部的各种能量的能值进行评价（Park et al.，2016），综合分析能量值（物质流、货币流、信息流等），评价生态系统的结构、效益以及功能等。依托能值分析能够对一段时间段内的自然环境变化状况、承载力变化状况、可持续发展能力以及能源使用状况等进行评价。能值法将经济、资源以及环境整体的价值都纳入了考虑范畴，主要弥补了传统经济学在资源定价以及测量方面的困难，但是，能值分析法也存在着能值转换率随着区域的变化会发生较大改变，评价指标较为单一等问题。

随机前沿分析是参数法分析的一种，已经被广泛应用于测算不同研究议题效率的测算，该方法是 1957 年法雷尔（Farrell）提出的，1977 年，艾格纳（Aigner）、穆森（Meeusen）和布勒克（Broeck）分别对该方法进行了独立的研究。在对农业生态效率测度过程中，首先是确定生产函数的形式，其次是依托生产函数的具体形式计算出实际的生产产出水平与最大的期望产出水平之间的差值，最后是分离出无效率项和随机误差项两个独立的误差项。该方法考虑是目前比较常用的农业生态效率评估方法。

数据包络分析法（data envelopment analysis）是目前评价农业生态效率应用最多的方法，该方法由 Charnes、Cooper 和 Rhodes 于 1978 年提出，能够解决针对多投入、多产出的决策单元，进行有效性评价的分析方法。该方法无须强调模型的具体形式，使用起来也比较方便，无须对数据进行量纲处理。

第三节　农业生态效率溢出效益及影响因素

空间、集群等概念逐步进入大众视野，并且空间集聚、收敛、发散、溢出等经济学理念正影响着区域发展新格局的形成（黄建欢等，2018a）。空间溢出强调规模效应、集聚经济、知识溢出效应（方师乐等，2017，上官绪明，2018），旨在依托空间收敛与发散以及区域不平衡发展等理论揭示长期的区域关系（伍骏骞等，2017），要素的空间流动是实现经济—社会与生态发展的核心，要素自由流动会从供给侧要素出发，推动区域经济收敛（李宁等，2017）。农业生态效率在空间上的溢出效应主要表现为农户生产方式、生产要素投入以及整个生产过程中的产出中形成的示范以及带动作用等（侯孟阳等，2018），农户之间存在的溢出影响会对农业生态效率造成影响，此外，溢出效应到底在什么范围内存在？纳入空间溢出因子的影响因素大小与方向是否会发生变化？

一、农业生态效率溢出效应研究

空间溢出的研究最早可以追溯到学者阿罗（Arrow，1951）最早提出的外部性，随后罗默（Romer，1986）提出了知识溢出的估算模型，自此，对于空间上的相互关系研究逐步增加。空间溢出主要突破了传统经济学认为的个体是相互独立的这一理念，空间中的个体或事物之间具有某种内在的相互联系（高鸣等，2014），而这种相互联系可以通过模仿或者示范来获得，也就是说在空间上需要考虑溢出效应的作用。

同样，在空间联系的背景下，农业生态利用效率的空间外溢效应相当于技术的隐性传递路径，农业生态效率的提升既依赖于自身单元（地区、农户）的技术水平及生产条件的改善，也依赖于相邻单元的效率的改善（侯孟阳等，2019）。粮食的生产兼具"公益性""产业性"的特点，作为人口大国，必须保证一定程度的自给率，同时也必须依托市场来实现自己的价值，为此，需要不断对投入要素进行优化，以达到节能增效的目标。既有研究不乏对于农业生态效率溢出效应的探讨（侯孟阳等，2018），随着全球范围内城镇化浪潮的兴起，生态效率在空间上的溢出效应得到了学界的普遍共识（黄建欢等，2018b），学者在探讨生态效率溢出效应过程中着重探讨了在省域尺度的邻近省份和资源禀赋条件相似的地区会出现空间收敛（侯孟阳等，2019），形成规模效应，随着技术扩散与经济溢出，生态效率存在空间收敛，并且溢出效应存在以省区为中心扩散现象，形成"涟漪效应"，识别溢出效应的第一步是在模型中将空间权重矩阵的嵌入。已有文献对于权重矩阵的设定主要有两种形式，基于邻接概念设定的0-1权重矩阵和基于距离设定的空间权重矩阵，0-1权重矩阵较为常用，部分学者在对农业服务外包溢出（方师乐等，2017）、粮食生产效率溢出等方面研究中，就采用了此矩阵，对农业水资源利用效率空间溢出中，已有文献也多基于此矩阵。此外，学者对于空间溢出距离的研究发现（韩峰等，2012），空间距离会对溢出效应产生较大影响，相关学者在对制造业的空间溢出效应分析时指出，供给的溢出效应空间作用范围为100千米，而需求溢出效应与空间溢出效应可以遍及全国。

二、农业生态效率影响因素研究

国内外研究学者对于农业生态效率影响因素研究也处于逐步完善的状态，已有文献对于农业生态效率影响因素的研究着重从宏观层面与微观层面展开（张杨等，2019），而从当前的文献来看，侧重宏观层面的影响因素分析居多，而宏观层面主要从国家层面和区域层面来分析，具体而言，宏观层面的影响因素分为区域因素（王宝义等，2018）、农户人均收入影响，种植结构影响和资本结构影响等方面。国外研究发现，农民的人均收入水平、种植作物结构、农民人均占有耕地状况、劳动力文化水平、城乡收入差距状况以及有效灌溉面积会对农业生态效率产生正向影响。对中国的研究发现，中国的农业生态效率会随着时空异质性呈现出一定的变化，从时间维度来看，农业生态效率呈现出波动态势，并且从2007年以来总体呈现上升态势，从空间维度来看，呈现出"降—升—降—升"的平缓形态，并且其形态表现为右偏型"W"结构。中国农业生态效率在区域上主要表现为东部、中部和西部的"U"型发展格局，生态效率会由于省域之间的差异而呈现不同，并且呈现出上升态势（张杨等，2019）。对于某些特定区域的农业生态效率的研究则是对粮食主产区的农业生态效率测度结果显示，农业生态效率会由于区域不同，呈现出西北、西南转向东北地区和华南地区逐步有效的状态。

　　微观影响因素方面主要包括农场经营规模、化肥施用量、土地产权制度、农场所拥有的集约化经营状况、农户的基本社会特征以及对于农业生态环境保护所持有的态度、农业友好型生产技术的采纳等方面。具体来看，农场主自身的特征（年龄、从事农业生产年限、是否参加农场经营培训）对于农业生态效率的高低呈现显著的正向影响，土地租赁面积、农业生产技术效率、农场经营者的年龄会显著影响农业生态效率，在此，租赁的面积越大，农场经营者的年龄越大，农业生态效率越低，无论是技术效率还是生态效率，采用新技术的棉农不仅能够获得更好的产量与收益，而且对环境产生的影响也较小，也就是农业生态效率较高。农户的生产特征，包括年龄、受教育程度、农户经营收入等，以及农业土地特征，包括种植规模，农地土壤质量等都会对农业生态效率产生显著影响。

第四节　资源—环境双重约束下流域农业生态效率研究架构

　　依托生态效率的概念，实现农业产业的绿色化发展已经成为乡村振兴的重要组成部分，特别是在资源与环境双重压力下农业生态效率的研究成为重要议题。

　　随着人民群众对于农产品品质要求的提高，环境友好型生产方式已经逐步成为主流，而基于投入和污染物减量化、产出最大化双重目标的农业生态效率测度相对滞后，特别是在农户层面的测度上，如何基于多目标产出、多生产方式形成农业生态效率测度框架体系是识别流域尺度生态效率空间格局的关键。农业生态效率的高低水平不仅受本身生产过程中投入产出的影响，更取决于邻近区域其他农户效率溢出的影响，目前，学术界对于效率溢出在宏观尺度上测度得比较完善，但是对于农户尺度的溢出效应的范围（物理距离）需要进一步辨识，同时，对于耕地规模与农业生态效率和溢出效应之间的关系需要辨识。不同生产方实现农户的农业生态效率的影响因素需要差异化模型的测度，当前对于生态效率的研究处于逐步深化阶段，农户生产过程中的农户自身特征、家庭特征等影响机制需要定量刻画，基于影响因素的流域差异化管理政策需要设计。

　　流域农业生态研究从流域整体研究出发，对流域农业与牧业混合生产区（农牧生产区）、纯农业生产区、农业与林业混合生产区的农业生态效率进行研究，着力剖析流域尺度的农业生态效率测度框架体系；开展农业生态效率测度，并实现其空间化，从而识别农业生态效率的空间分布格局；研究农业生态效率溢出效应的范围，为农业生态效率影响因素中的空间溢出因子确定权重；开展效率影响因素分析，提炼促进流域尺度的农业生态效率差异化管理对策提供科学判据（如图5-1所示），也为乡村振兴过程中实现产业兴旺，推进农业产业生态化、绿色化提供科技支撑。

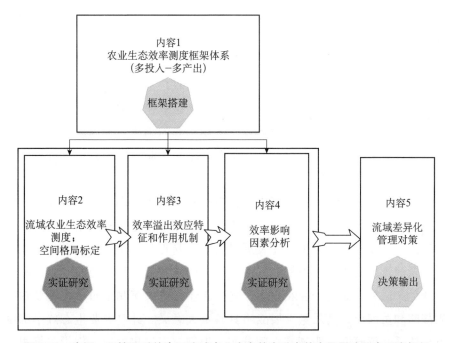

图 5-1　资源—环境双重约束下流域农业生态效率溢出效应及影响因素研究框架

　　资源—环境约束下流域农业生态效率测度框架体系。研判流域上、中、下游不同农业生产方式的农业投入产出。按照流域上、中、下游农牧业区、纯农业区和农林业区三种生产方式，识别不同生产方式下农业生态效率投入产出变量，对投入变量转换系数进行明确；搭建流域农业生态效率测度框架体系，构建多投入多产出的农业生态效率测度框架体系。

　　流域尺度农业生态效率的空间格局。估算流域尺度农业生态效率，开展不同耕地规模下的农业生态效率分布区间辨识。依托农业生态效率测度框架体系，开展农业生态效率测度，重点识别不同生产方式下，农户的农业生态效率分布区间，识别不同耕地规模下的农业生态效率，分析耕地规模与农业生态效率之间的非线性关系；标定农户农业生态效率空间位置。空间化农户农业生态效率，对农业生态效率集聚状况进行分析，绘制农业生态效率的空间格局图。

流域农业生态效率溢出效应特征和作用机制。厘清农业生态效率溢出效应与农户之间物理距离的关系。利用空间格局标定位置和物理距离权重的农户农业生态效率集聚状况，开展效率空间溢出效应影响辨识，分析不同生产方式的效率溢出效应；识别不同耕地规模下的农业生态效率溢出效应。

农业生态效率影响因素及差异化对策研究。测度农业生态效率影响因素，开展农业生态效率影响因素辨识，引入农户空间溢出因子，依托生产方式、耕地规模等，刻画出农户尺度农业生态效率的关键影响因素；提炼农业生态效率差异化提升对策建议。依据测算的结果，提炼流域尺度差异化的管理对策建议，着力为农业产业生态化和农业规模经营提供可行的对策建议。

乡村振兴战略是关系"三农"问题的重要发展方向，其中产业兴旺是一切发展的基础，而生态宜居是关键，为此，对农业实施一条可持续发展的道路，实现农业产业生态化发展是实现乡村振兴的关键。此外，国家确立了黄河流域高质量发展战略，流域尺度的农牧业生产、纯农业生产和农林业生产研究，对这三种农业生产进行农业生态效率测度对于实现乡村振兴战略和黄河流域高质量发展战略具有重大意义。针对农业生态效率测度框架体系开展研究，明晰其空间分布，识别效率溢出效应，剖析关键影响因素，对于进一步完善流域协同和差异化提升策略具有非常重要的现实意义。

第六章　产业生态化与农产品
贸易隐含碳转移

　　气候变化与二氧化碳排放密切相关。联合国政府间气候变化专门委员会（IPCC）发布的《气候变化 2021：自然科学基础》揭示了气候变化与人类活动的关系，工业革命后，碳排放量激增，全球气温也随之升高，从 1850～2019 年全球气温变化与累计碳排放量的正比关系，可见其相关性，全球气温在 2050 年将有很大可能升高 1.5～2.5 度。"气候变化"与人类活动尤其是"碳排放"关联密切。除了"适应"，我们能做的就是阻止气候进一步恶化，也就是要"低碳转型""零碳发展"。2021 年 11 月，《联合国气候变化框架公约》缔约方第二十六次会议指出，为了保证 1.5°C 目标，排放量在 2050 年之前要削减 50%。全球气温比工业化之前已经升高 1.1°C，全球二氧化碳平均摩尔分数已经超过 410ppm，气候临界点正在被快速逼近，一旦超过将对人类产生巨大的灾害。为此，全球各国积极应对，截至 2022 年底有 136 个国家或地区提出了碳中和的发展目标，应对气候变化已经成为人类亟须解决的问题，适应与减缓气候变化成为全人类的呼声。

　　贸易中隐含碳问题成为全球碳减排的争议点。随着经济全球化进程的加速，特别是在全球分工协作中产品所处价值链位序的差异，导致了生产碳排放和消费碳排放在时空上的分离。一般来说，发达国家掌握着高端技术等高附加值生产力，发展中国家则沦为高耗能、高排放、低附加值产品的生产地，这引致全球发展中国家成为"污染避难所"，而发达国家则享受着由此带来的高消费水平，这种情况加剧了全球发展的不平等，为此，贸易引发的碳排放问题越来越受到关注。此外，农产品贸易作为贸易中的重要组成部分，其重要性越来越凸显。联合国粮农组织发布的《2020 年农产品市场状况》报告显示，全球农业粮食贸易自 1995 年以来已经增长了不止 1 倍，2018 年贸易额达 1.5 万亿美元，其中新兴市场和发展中国家出口持续增长，已超过全球总量的 1/3。全球各国农产品参与贸易取决于多个因素，包括各国在生产方面的比较优势和消费者喜好。在农业领域，产品构成往往由资源禀赋和气候等自然条件所决定，但同时由农产品贸易所产生的隐含碳流动同样使得"生产"与"消费"相脱离，全球性的农产品贸易隐含碳网络流动分析研究，有助于各国从整体上把握农产品隐含碳的全球农产品网络特征。

农产品隐含碳转移研究已经成为国内外学术研究的热点，研究多聚焦双边和单个国家进出口农产品贸易隐含碳流动。吉姆等（Kim et al.，2021）利用多区域投入产出分析调查了 2000 ~ 2014 年韩国贸易中隐含碳排放。王强等（2019）系统地考察了发展中国家最大净出口国（中国）与发达国家最大净出口国（德国）之间的贸易隐含净碳排放。徐存柳等（Xu et al.，2021）提出了增加值贸易隐含碳排放及碳转移测算方法，将全球的贸易隐含碳净排放通过社会关联网络的分析方法进行整体空间分析，并借助社会网络分析软件，对网络的特征属性关系进一步探究，从而产生对贸易隐含碳更深刻的认识。王国峰等（2020）绘制"一带一路"共建方之间经济发展和二氧化碳排放之间的交互关系，研究涵盖了中国、俄罗斯、东盟、印度、韩国等，指出了整体性贸易隐含碳的研究随着产品贸易呈现出双向循环流动。

综上所述，对于全球农产品虚拟碳转移网络的研究有待进一步深入，在国家/区域层面涵盖需要更加全面，对跨全球的农产品贸易网络研究需要深入。基于此，本章采用全球投入产出表，观察全球农业贸易隐含碳转移的不同板块，分析其在全球农产品贸易隐含碳转移中充当的角色，探求不同板块之间的链路关系。本章构建了 2016 年全球 185 个国家/地区的农产品贸易数据，运用社会关联网络分析方法，匡算了各个国家之间的农产品贸易隐含碳流动数据，辨识网络的各项特征指标，包括网络的个体特征、整体特征、分版块特征等，综合认识全球农产品贸易隐含碳净转移的整体性网络。

第一节　全球农产品贸易隐含碳转移

一、研究方法

本章采用多区域投入产出分析法。投入产出分析法最早由里昂惕夫（Leontief）提出，20世纪中期被经济学家广泛地运用于多个国家之间，逐步产生了多区域投入产出（MRIO）模型，运用多区域投入产出模型能够方便准确地计算农产品的隐含碳流动。

（一）全球 MRIO 表构建

假设世界上共有 R 个国家/地区，Z^{EF} 是 E 国农业部门对 F 国农业部门的中间投入矩阵（E、F = 1，2，…，R），其中矩阵元素 z^{EF} 为 C 国农业部门对 D 国农业部门的中间投入量。Y^{CD} 是 C 国农业部门对 D 国的 1×6 维最终需求矩阵，其中矩阵元素 y_i^{cd}（i = 1，2，…，6）表示 C 国农业部门对 D 国最终需求 6 个部门的最终使用。

X^E 表示 E 国的总产出，其中矩阵元素 x_i^E（i = A，B，…，R）是 $R \times 1$ 维的产出向量。求得各国农业部门的 CO_2 排放量 L^E 的排放矩阵，其中矩阵元素 l^E（E = A，B，…，R）表示 E 国农业部门的 CO_2 排放量。根据 CO_2 排放量 L^E 和总产出，计算出直接碳耗系数 G（每单位产出 CO_2 直接排放）的系数矩阵，G 为 CO_2 的直接排放/总产出，$G = \lfloor g^A g^B \cdots g^R \rfloor$，其中矩阵元素 g^E（E = A，B，…，R）是 $1 \times R$ 的各国农业部门的直接碳排放系数。

$$Z^{EF} = \begin{bmatrix} z^{AA} \cdots z^{AR} \\ \cdots \\ z^{RA} \cdots z^{RR} \end{bmatrix}, \quad Y^{CD} = [y_1^{CD} y_2^{CD} \cdots y_6^{CD}], \quad X^E = \begin{bmatrix} x^A \\ \cdots \\ x^R \end{bmatrix} \qquad (6.1)$$

因此，世界各国农产品投入产出模型的横向平衡式如下：

$$\begin{cases} Z^{AA} + Z^{AB} + \cdots + Z^{AR} + Y^{AA} + \cdots + Y^{AR} = X^A \\ Z^{BA} + Z^{BB} + \cdots + Z^{BR} + Y^{BA} + \cdots + Y^{BR} = X^B \\ Z^{RA} + Z^{RB} + \cdots + Z^{RR} + Y^{RA} + \cdots + Y^{RR} = X^R \end{cases} \qquad (6.2)$$

直接消耗系数矩阵 A 的计算为农业部门的投入/总产出，计算出里昂惕夫逆矩阵 $(I-A)^{-1}$，I 为对角线为 1 的单位矩阵。

计算 E（E = 1，2，…，R）国农业部门对 F（F = 1，2，…，R）国 26 个部门的中间投入和最终需求总的出口值。

$$EX = [EX^A EX^B \cdots EX^R], \quad EX^A = [ex_B^A ex_C^A \cdots ex_R^A] \qquad (6.3)$$

将 E 国农业部门对各个国家 26 个部门的中间投入和最终需求分国家加总，得出 E 国农业部门对各国的出口矩阵 EX^{EF}，矩阵维度 185 × 185，其中矩阵元素 ex^{EF}（E \ F = 1，2，…，R）表示 E 国农业部门对 184 个国家（去除本国）的出口值。

全球 185 个国家/地区贸易隐含碳出口 C^{EF}，测算可以得到矩阵维度为 185 × 185 并且对角线为 0 的出口矩阵，其中矩阵元素 c^{EF} 表示 E 国农业部门对不同国家的隐含碳流出值。测算公式为：

$$C^{EF} = G(I-A)^{-1} EX^{EF} \qquad (6.4)$$

根据计算出来的出口值可以得到 E 国对 F 国的隐含碳的排放值，也可以得到 F 国对 E 国的隐含碳排放值，由此，可以得到 E 国对 F 国的隐含碳净排放值：

$$\Delta C^{EF} = C^{EF} - C^{FE} \qquad (6.5)$$

计算式（6 – 5）可得 ΔC^{EF} 的值，结果大于 0 即为 E 国对 F 国净流出，结果小于 0 即为 F 国对 E 国净流出。

（二）全球农产品隐含碳转移网络构建及主要指标

以国家/地区为节点，国家/地区之间的隐含碳净转移关系为边，构建全球 185 个国家/地区的隐含碳净转移关系网络 J =（M，V，W），其中：M 表示网络的顶点集合，V 为边集合，W 为权重集合。定义网络的邻接矩阵 Z = (z_{EF}) 表示网络中各个国家/地区之间的隐含碳净转移关系，当国家/地区 E 对 F 的隐含碳净转移量严格 > 0 时，则存在一条由节点 E 指向节点 F 的边 v_{EF}，此时，$z_{EF} = 1$；否则 $z_{EF} = 0$（E，F = 1，2，…，185）。边 z_{EF} 的权重 w_{EF} 取值为国家/地区 E 对 F 的隐含碳净转移量。网络整体特征分析选取了网络密度、网络关联度、平均聚类系数和平均路径长度 4 个指标进行刻画。网络密度是计算网络中实际存在的边数量与理论上最多可能产生的边数量的比值，它是反映网络关联密切程度的重要指标。全球隐含碳净转移网络密度越大，说明各个国家/地区的贸易隐含碳转移联系越频繁，用∣V∣表示网络中边的数量，n为网络中节点个数，则网络密度U的计算公式如下：

$$U = \frac{\mid V \mid}{n \ (n-1)} \qquad (6.6)$$

网络关联度通过可达性来测量网络的关联性程度，是描述网络稳健性和脆弱性的主要指标。

全球贸易隐含碳净转移网络的关联度越高，说明该网络的关联性越好，网络越稳健。用M_l表示网络中不可达的点对数目，关联度Z的测算公式为：

$$Z = 1 - \frac{2M_l}{n \ (n-1)} \qquad (6.7)$$

聚类系数是测算节点的邻接节点之间存在连接的概率，以此来度量全球贸易隐含碳净转移网络中节点的集聚程度，整个网络的聚类系数GC为网络中所有节点聚类系数的平均值。假设节点m_E有k_E个邻接节点，这些邻接节点之间的边数为V_E，则节点m_E的聚类系数GC_{EF}的计算公式为：

$$GC_E = \frac{V_E}{k_E \ (k_E - 1)} \qquad (6.8)$$

平均路径长度是网络中所有节点对之间最短路径的平均值，较小的平均路径长度意味着网络中的节点可以通过较短的路径与其他节点相连，该指标主要用于衡量全球贸易隐含碳净转移网络的隐含碳转移效率。用$d \ (m_E, m)$表示节点m_E和m_F间的最短路径长度，则平均路径长度GL的计算公式为：

$$GL = \frac{\sum_{E,F} d \ (m_E, m_F)}{n \ (n-1)} \qquad (6.9)$$

网络个体特征主要选取度数中心度、中间中心度和接近中心度3个反映网络拓扑结构的核心度量指标。在有向网络中，节点的度数中心度分为出度中心度和入度中心度。在全球贸易隐含碳净转移网络中，节点 m_E 的出度中心度 d_E^{out} 和入度中心度 d_E^{in} 分别反映了国家/地区 E 到其他国家/地区发出的隐含碳净流出和净流入关系数量。考虑到权重的影响，可以定义节点 m_E 的加权出度 W_E^{out} 和加权入度 W_E^{in} 分别为国家/地区 E 到其他国家/地区的隐含碳净流出和净流入转移量：

$$d_E^{out} = \sum_{v_{EF} \in P} z_{EF}, \quad d_E^{in} = \sum_{v_{EF} \in P} z_{FE}$$

$$w_E^{out} = \sum_{v_{EF} \in V} w_{EF}, \quad w_E^{in} = \sum_{v_{EF} \in V} w_{FE} \qquad (6.10)$$

中间中心度是指节点出现在网络最短路径上的频率，如果一个节点处于许多其他点对的最短路径上，则该节点的中间中心度较高，在全球贸易隐含碳净转移网络中，该节点对应的国家/地区起到的沟通桥梁作用越大。假设节点 m_D 和 m_F 之间存在的最短路径数量为 j_{DF}，节点 m_D 和 m_F 之间通过节点 m_E 的最短路径数量为 j_{DF}（E），$D \neq E \neq F$，则节点 m_E 的中间中心度 BC_E 的计算公式为：

$$BC_E = \frac{2 \sum_D \sum_F g_{DF}（E）/ g_{DF}}{n^2 - 3n + 2} \qquad (6.11)$$

接近中心度是节点不受其他节点限制的测度指标，在全球贸易隐含碳净转移网络中，若一个国家/地区与网络中其他节点的距离都较短，则其具有较高的接近中心度，这样的国家/地区与许多其他节点都接近，受他国（地区）控制程度低，节点 m_E 的接近中心度 CC_E 的计算公式为：

$$CC_E = \frac{n - 1}{\sum d_E^{short}} \qquad (6.12)$$

其中，d_E^{short} 表示节点 m_E 到其他点的最短路径长或者其他点到 m_E 的最短路径长度，据此分别计算出接近中心度和入接近中心度。

二、块模型分析方法

块模型分析最早由 White 等在 1976 年提出，它是一种根据网络结构信息对网络进行位置分块，并对网络位置和角色进行研究的重要方法。根据

块模型理论，本章首先利用迭代相关收敛法依据各个国家/地区贸易隐含碳
净转移的结构相似性对整个网络进行分块，然后根据各板块内部和外部之
间的隐含碳净转移关系对各个国家/地区在全球贸易隐含碳净转移网络中的
地位和角色进行解析。

假设板块 q 中包含的国家/地区数为 R_q，则板块 q 内部可能具有的关系
总数为 R_q（$R_q - 1$）。在全球贸易隐含碳净转移网络中共包含 R 个国家/地
区，板块 q 各个成员的所有可能关系数为 R_q（R - 1），由此计算板块 q 内部
碳转移关系占整体比例的期望值为 R_q（$R_q - 1$）/R_q（R - 1）＝（$R_q - 1$）/
（R - 1）。进一步结合板块内部与外部关系比例，可将全球贸易隐含碳净转移
网络划分为如下 4 类位置关系，如表 6 - 1 所示。

表 6 - 1　　全球农产品贸易隐含碳净转移网络板块位置关系分类方法

位置内部的关系比例	位置接收到的关系比例	
	≈0	>0
≥ （$R_q - 1$）/（R - 1）	双向溢出板块	主受益板块
≤ （$R_q - 1$）/（R - 1）	净溢出板块	经纪人板块

三、数据说明

学者常用的投入产出数据库有世界投入产出数据库（WIOD）和全球贸
易分析模型数据库（GTAP）。如 WIOD 主要包含欧盟国家和15 个发达国家、
发展中国家，共 40 个，Eroa 数据库包含 189 个国家/地区，只有 Eora 符合
本章全球性的要求。Eora 数据库中的 2016 年世界投入产出表（Dummy
Mrio），覆盖全球 189 个国家/地区 26 个产业部门之间商品和服务的贸易数
据，包括中间投入、最终需求，环境卫星账户（主要采用 CO_2 排放数据），
贸易数据矩阵维度达到 5 106 × 5 106，充分体现了农产品贸易各国家/地区
内部和不同地区之间中间投入、增加值、总投入和中间、最终使用和总产
出之间的投入产出关系。Eora 数据库最新数据为 2016 年，数据内容包括全
球投入产出表和环境账户，本章选择 Eora 数据库。根据 Eora 数据库提供的
多个数据文本，组建成 Dummy Mrio 多区域投入产出数据表，本章囊括 185

个国家/地区，包含 26 个部门，获得了 185 个国家/地区农业部门的投入产出数据。

第二节　农产品贸易隐含碳转移特征分析

一、全球农产品贸易隐含碳净转移网络特征

从全球农产品隐含碳净转移网络来看，网络中大多数节点的度数很小，与其他节点之间的关系较小，大多数国家/地区处于网络的边缘位置，在全球农产品贸易中处于边缘，在全球农产品贸易碳净转移中的地位并不突出，网络中少数节点处于中心位置，网络中核心节点主要集中在中非、塞尔维亚、荷兰、新加坡、马来西亚、美国、中国、印度、罗马尼亚、爱沙尼亚、巴西等国家/地区，这些国家/地区作为农产品贸易中的核心，其贸易隐含碳净转移与其流入、流出之间的关系存在空间异质性。从网络整体特征来看，网络密度为 0.026，网络平均度为 5.032，网络平均聚类系数为 0.325，集聚效应明显，网络平均路径长度为 3.219，说明网络中虽然大部分区域不是直接相连，但是通过少数几步就可以到达。全球农产品贸易隐含碳净转移网络具有较大的平均聚类系数和较短的平均路径长度，表明全球农产品贸易具有典型的小世界特征。在这种网络中，任意节点之间建立联系的可能性均较大，改变部分核心国家/地区的农产品隐含碳转移量或者转移关系会对整个网络特征产生较大的影响。

二、全球农产品贸易隐含碳转移流入流出网络特征

从全球农产品隐含碳转移流出端来看，2016 年，农产品隐含碳转移流出最多的前四位国家/地区分别为美国、澳大利亚、越南和中国。美国作为全球第一大隐含碳转移流出的国家，其出度中心度为 46 932.289，其隐含碳转移流向前五位的国家/地区为马来西亚（8.07Mt）、新加坡（7.09Mt）、墨

西哥（3.30Mt）、荷兰（2.36Mt）、几内亚（2.11Mt）；澳大利亚作为全球第二大隐含碳转移流出的国家，其流向前五位的国家/地区主要是马来西亚（15.93Mt）、新加坡（10.99Mt）、中非（3.58Mt）、塞尔维亚（2.15Mt）、印度尼西亚（1.69Mt）；越南作为全球第三大隐含碳转移流出的国家，其流向前五位的国家/地区主要是马来西亚（8.35Mt）、新加坡（6.87Mt）、中非（5.49Mt）、塞尔维亚（2.10Mt）、澳大利亚（1.54Mt）；中国作为全球第四大隐含碳转移流出的国家，其流向前五位的国家/地区主要是马来西亚（17.07Mt）、新加坡（8.10Mt）、中非（3.26Mt）、泰国（2.10Mt）、塞尔维亚（1.52Mt）。

从全球农产品贸易隐含碳转移流入端来看，2016年，农产品隐含碳转移流入最多的前四位国家/地区分别为马来西亚、中非、新加坡和塞尔维亚。马来西亚作为全球第一大农产品贸易隐含碳转移流入的国家，其主要流入来源前五位的国家/地区为中国（17.07Mt）、澳大利亚（15.93Mt）、柬埔寨（13.24Mt）、印度尼西亚（9.32Mt）、越南（8.35Mt）；中非作为全球第二大农产品贸易隐含碳流入的国家，主要流入来源前五位的国家/地区分别是越南（5.79Mt）、澳大利亚（3.58Mt）、中国（3.26Mt）、印度（2.95Mt）、苏丹（2.75Mt）；新加坡作为全球第三大农产品贸易隐含碳流入的国家，隐含碳主要来源前五位的国家/地区分别是印度尼西亚（12.59Mt）、澳大利亚（10.99Mt）、马来西亚（8.52Mt）、中国（8.10Mt）、美国（7.08Mt）；塞尔维亚作为全球第四大农产品贸易隐含碳流入的国家，主要进口来源前五位的国家/地区分别是澳大利亚（2.14Mt）、越南（2.10Mt）、中国（1.52Mt）、印度（1.50Mt）、英国（1.48Mt）。

三、全球农产品贸易隐含碳净转移网络个体特征

从出度中心度来看（如表6-2所示），美国、中国、澳大利亚、越南和印度尼西亚占据了前五位。这些国家/地区也是全球农产品贸易的中心节点，在农产品贸易隐含碳净转移中处于主动地位，对其他国家/地区产生主要影响，中心度均值为3 943.160，高于均值的国家/地区共

有48个，说明这些国家/地区与其他国家/地区之间存在较多的非线性空间关联关系。从入度中心度来看，马来西亚、中非、新加坡、塞尔维亚、荷兰占据了前五位，这些国家/地区在农产品贸易隐含碳转移的过程中受到其他国家/地区的影响较大。从接近中心度而言，入接近中心度排在前五位的国家/地区是尼日利亚、尼日尔、阿联酋、阿根廷、危地马拉，说明其他国家/地区到他们的平均隐含碳净转移路径较长，出接近中心度排名前五的国家/地区分别是中非、塞尔维亚、几内亚、罗马尼亚、葡萄牙，离中心较远，其接收隐含碳净流入关系的独立性较差，受其他国家/地区的限制增强，影响力较弱。从中介中心度来看，排名前五的国家/地区是柬埔寨、荷兰、越南、加纳、南非，这些国家/地区出现在全球隐含碳净转移网络最短路径上的频率较高，在空间关联中具有较强的影响和桥梁作用，这些国家/地区在全球农产品贸易隐含碳净转移空间关联网络中处于中心地位，对其他国家/地区的空间关联具有较强的控制能力。

表6-2　　　　　　　2016年全球贸易隐含碳净转移网络中心度结果

排名	出度中心度		入度中心度		入接近中心度		出接近中心度		中介中心度	
	国家	度数	国家	度数	国家	度数	国家	度数	国家	度数
1	美国	46 932.289	马来西亚	110 641.5	尼日利亚	0.791	中非	3.327	柬埔寨	3.525
2	中国	45 573.316	中非	101 214.961	尼日尔	0.778	塞尔维亚	1.993	荷兰	3.068
3	澳大利亚	41 492.504	新加坡	85 057.969	阿联酋	0.777	几内亚	1.31	越南	2.874
4	越南	31 384.236	塞尔维亚	45 573.016	阿根廷	0.773	罗马尼亚	1.227	加纳	2.596
5	印度尼西亚	27 615.377	荷兰	42 822.059	危地马拉	0.773	葡萄牙	1.173	南非共和国	2.371
6	印度	26 460.15	罗马尼亚	31 285.076	哥斯达黎加	0.773	刚果金	1.166	土耳其	2.2
7	柬埔寨	18 236.576	几内亚	28 888.41	科特迪瓦	0.768	挪威	1.155	新加坡	1.974
8	法国	17 326.314	爱沙尼亚	22 986.889	巴基斯坦	0.767	利比亚	1.151	中国	1.77
9	泰国	16 256.767	刚果金	21 940.654	加拿大	0.767	科威特	1.142	爱沙尼亚共和国	1.68
10	土耳其	16 145.207	南非共和国	12 679.468	马达加斯加	0.767	马耳他	1.139	法国	1.377
11	荷兰	15 421.784	泰国	11 974.756	巴布亚新几内亚	0.767	韩国	1.135	澳大利亚	1.242

排名	出度中心度		入度中心度		入接近中心度		出接近中心度		中介中心度	
	国家	度数	国家	度数	国家	度数	国家	度数	国家	度数
12	赞比亚	13 406.473	挪威	10 810.436	智利	0.767	纳米比亚	1.133	印度	0.98
13	阿根廷	11 977.296	中国	9 803.72	坦桑尼亚	0.767	毛里求斯	1.133	美国	0.878
14	德国	11 956.539	巴西	9 532.612	多米尼加	0.767	荷兰	1.131	乍得	0.737
15	西班牙	10 864.051	印度	9 526.77	美国	0.763	新加坡	1.131	哥伦比亚	0.723

四、块模型结果

将全球隐含碳净转移网络中的国家/地区划分为4个板块（如表6-3所示），整体来看，2016年全球农产品贸易隐含碳净转移网络共包含空间关联1 742个，板块内部关系数161个，板块与板块之间关系数1 581个，板块之间关系数远高于板块内部，网络空间关联以板块间溢出效应为主。

第一板块主要包含越南、伊朗、伊拉克等国家/地区，该板块实际与期望内部关系比例分别为4.13%和70.65%；该板块既接收其他板块溢出关系，又向其他板块发出关系，但板块内部关系数较少，具有经纪人板块特征。第二板块主要包括奥地利、叙利亚等国家/地区，板块内部实际关系比例为3.80%，低于期望比例7.36%，整个板块的内部与外部均存在较多的关联，属于双向溢出板块，该板块内的节点国家/地区既向外部板块发出许多关联，又对板块内部产生关联关系，其成员具备双向关联关系且与板块内部成员与外部节点国家/地区产生要素辐射关系，板块整体在功能上表现为要素的扩散、辐射和传递作用。第三板块包括美国、中国、澳大利亚、印度、印度尼西亚、柬埔寨等国家/地区，该板块实际与期望内部关系比例分别为9.55%和15.22%；该板块既接收其他板块溢出关系，又向其他板块发出关系，板块外部关系数远大于板块内部，第一板块具有明显的净溢出特征。第四板块主要包括中非、马来西亚、几内亚、韩国等国家/地区，板块内部实际关系比例为10.80%，高于期望比例8.70%，板块溢出效应有限；接收其他板块关系数远高于其发出关系数，属于主受益板块，在网络中接收了较多来自其他板块的隐含碳溢出。

表 6-3　2016 年全球农产品贸易碳排放净转移网络空间关联板块溢出效应

项目	板块一	板块二	板块三	板块四
成员	阿富汗、阿尔巴尼亚、阿尔及利亚、安道尔、安哥拉共和国、安提瓜和巴布达、阿根廷、阿鲁巴、亚美尼亚、马拉维、厄立特里亚、阿塞拜疆、贝宁、孟加拉国、巴林、巴哈马、波斯尼亚和黑塞哥维那、白俄罗斯、伯利兹、百慕大、玻利维亚、巴西、巴巴多斯、不丹、博茨瓦纳、英属维京群岛、布隆迪、布基纳法索、文莱、喀麦隆、佛得角、开曼群岛、摩纳哥、新喀里多尼亚、尼日利亚、巴勒斯坦、乍得、智利、克罗地亚、刚果布、哥伦比亚、塞浦路斯、朝鲜、刚果金、吉布提、多米尼加、厄瓜多尔、萨尔瓦多、斐济、法国、法属波利尼西亚、加蓬、冈比亚、格鲁吉亚、日本、马尔代夫、尼泊尔、巴拿马、葡萄牙、圣马力诺、塞尔维亚、格陵兰、洪都拉斯、海地、爱尔兰、伊朗、伊拉克、冰岛、以色列、牙买加、哈萨克斯坦、萨尔瓦多、索马里、斯洛伐克、津巴布韦、肯尼亚、吉尔吉斯斯坦、科威特、老挝、利比里亚、莱索托、马达加斯加、马里、纳米比亚、阿曼、挪威、立陶宛、卢森堡、摩尔多瓦、苏里南、斯威士兰、多哥、塔吉克斯坦、土库曼斯坦、坦桑尼亚、乌拉圭、乌兹别克斯坦、萨摩亚、摩洛哥、马耳他、黑山、摩纳哥、莫桑比克、毛里塔尼亚、毛里求斯、新喀里多尼亚、尼日尔、尼加拉瓜、菲律宾、巴布亚新几内亚、巴拉圭、卡塔尔、卢旺达、沙特阿拉伯、日本南岛、塞内加尔、圣多美和普林西比、苏丹、斯洛文尼亚、塞舌尔、阿联酋、英国、马其顿、多哥、比利时、乌干达、乌克兰、越南、瓦努阿图、也门	奥地利、保加利亚、捷克、埃塞俄比亚、约旦、黎巴嫩、叙利亚、塔吉克斯坦	澳大利亚、比利时、柬埔寨、加拿大、中国、科特迪瓦、哥斯达黎加、德国、丹麦、埃及、芬兰、加纳、希腊、危地马拉、匈牙利、西班牙、印度尼西亚、印度、意大利、斯里兰卡、拉脱维亚、缅甸、巴基斯坦、波兰、俄罗斯、瑞典、泰国、土耳其、美国	中非、荷兰安的列斯、爱沙尼亚共和国、几内亚、圭亚那、韩国、利比亚、墨西哥、马来西亚、荷兰、挪威、菲律宾、罗马尼亚、瑞士、新加坡、委内瑞拉玻利瓦尔、南非
板块内发出关系数	5	3	64	89
板块外发出关系数	84	115	565	26

续表

项目	板块一	板块二	板块三	板块四
板块内接收关系数	5	3	64	89
板块外接收关系数	32	9	41	709
期望内部关系比例（%）	70.65	3.80	15.22	8.70
实际内部关系比例（%）	4.13	7.36	9.55	10.80
板块类型	经纪人板块	双向溢出板块	主溢出板块	主受益板块

　　像矩阵的元素取值为0和1，当板块的密度矩阵大于整体网络密度时，像矩阵中对应位置为1，否则为0（如表6-4所示）。从板块溢出程度来看，第四板块主受益板块对自己、第一板块（经纪人板块）、第二板块（双向溢出板块）均具有一定的溢出效应，第二板块双向溢出板块主要受到来自第一板块（经纪人板块）、自己、第四板块（主受益板块）的溢出，另外第一板块对第二板块具有显著的农产品贸易隐含碳净溢出效应。从自反关系来看，像矩阵中第二板块（双向溢出板块）、第四板块（主受益板块）对角线位置为1，说明这两个板块的自反性程度较高，内部聚类特征明显。

表6-4　2016年全球农产品贸易隐含碳净转移网络空间关联板块密度矩阵

板块	密度矩阵				网络平均密度	像矩阵			
	板块1	板块2	板块3	板块4		板块1	板块2	板块3	板块4
板块1	0.006	0.031	0	0.008		0	1	0	0
板块2	0.008	0.059	0	0.001		0	1	0	0
板块3	0	0	0	0	0.026	0	0	0	0
板块4	0.148	0.372	0	0.058		1	1	0	1

第三节　对策建议

首先，从全球农产品贸易隐含碳转移网络特征来看，净转移网络空间溢出特征明显，全球农产品贸易的核心边缘特征清晰，全球农产品隐含碳净转移网络连接紧密，网络关系数量达17 700，全球农产品贸易隐含碳转移具有明显的空间关联特征。全球农产品贸易隐含碳网络关联度为1，说明全球农产品贸易转移网络具有良好的可达性，空间溢出效应明显。网络密度为0.496，节点之间连接紧密，表明随着经济发展，各个国家/地区之间的联系逐步趋于紧密，由此所造成的农产品贸易之间的转移也更加频繁。

其次，从出度中心度来看，美国、中国、澳大利亚、越南和印度尼西亚在农产品贸易隐含碳净转移中处于主动地位，对其他国家/地区产生主要的影响；从入度中心度来看，马来西亚、中非、新加坡、塞尔维亚、荷兰在农产品贸易隐含碳转移的过程中受其他国家/地区的影响较大；从接近中心度来看，其他国家/地区到尼日利亚、尼日尔、阿联酋、阿根廷、危地马拉的平均隐含碳净转移路径较长；从中介中心度来看，柬埔寨、荷兰、越南、加纳、南非空间关联中具有较强的影响和桥梁作用，这些国家/地区在全球农产品贸易隐含碳净转移空间关联网络中处于中心地位，对其他国家/地区的空间关联具有较强的控制能力。

最后，从板块模型结果来看，全球农产品贸易隐含碳转移网络可以分为净溢出、双向溢出、经纪人和主受益4个板块。主溢出板块是全球农产品贸易转移网络的主要碳排放板块，该板块主要包括美国、印度、德国、中国等，这些国家/地区在全球农产品生产网络中扮演着劳动力和能源资源供给的重要角色，对板块内部其他板块具有显著的隐含碳溢出效应。主受益板块主要包含中非、马来西亚、荷兰、新加坡等，这些板块主要是进口高污染的农产品，接受更多的来自其他板块的隐含碳溢出，在全球贸易隐含碳净转移网络中扮演着主受益特征。

综上所述，本章提出对策建议如下。

其一，在全球农产品贸易过程中，发达国家/地区长期占有技术方面的优势，发展中国家/地区长期占据隐含碳流出与流入不对等关系，从全球来看，农产品贸易中隐含碳排放需要全球协同来进行科学的谋划，开展通力合作来减少隐含碳排放。

其二，全球农产品贸易过程中，主受益板块需要更多地关注并承担在全球农产品贸易过程中隐含碳排放的责任，双向溢出板块应该发挥节能减排潜力，从源头上减少隐含碳排放，双向溢出板块应当作为农产品贸易中重点的枢纽和影响板块，有利于全球农产品贸易整体减排，同时推动更多的国家/地区实施绿色低碳生产模式。

其三，对于农产品贸易不同国家/地区而言，应该从流入和流出两个层面出发，具体而言，在与其他国家/地区开展合作时，可以优先考虑对其隐含碳净流入关系的国家/地区，选择有利于其农业实现绿色发展的贸易伙伴，增加贸易隐含碳的进一步扩大。涉及农产品中隐含碳排放，需要提高附加值产品的出口比例，降低出口产品含碳量。

第七章　建设农业强国的农业技术进步碳排放门槛

第一节　问题的提出

气候变化不仅发生在地方、区域内，而且在世界范围内都会发生严重的后果。根据政府间气候变化专门委员会 IPCC 报告，人类排放的温室气体极有可能是自 20 世纪中叶以来观测到的气候变暖的主要原因（Ali et al.，2021）。《2021 年气候变化：自然科学基础》中指出，2011~2020 年全球平均温度比 1850~1900 年提高了 1.09℃。大气中温室气体增加，全球气候变暖使得极端天气频繁，海平面上升、海洋酸化、冰川萎缩、发生干旱和风暴的可能性增加（Meierrieks and Daniel，2021）。同时气候条件变化也会对人民生活、身体健康、经济发展等带来恶劣影响。气温变化会诱发国内国际移民和犯罪侵略，增加政治冲突的可能性（Berlemann and Steinhardt，2017）。也会对人的心理健康产生不利影响（Mullins and White），更严重的还会提高死亡率和发病率，影响儿童发育。特别是发展中国家，更能感受到气温上升带来的强烈不利影响，必须作出更大的努力来缓解和适应。党的二十大报告指出，要积极稳妥推进碳达峰、碳中和，这体现了牢固树立和践行绿水青山就是金山银山的理念，是党站在人与自然和谐共生的高度谋划发展。双碳目标的提出是中国主动承担应对全球气候变化责任的大国担当，碳达峰、碳中和是社会经济的系统性变革。2023 年提出建设农业强国离不开科技支撑，更是需要不断加速农业技术进步，为实现乡村振兴保驾护航。

农业是对气候变化最敏感的产业。农民在生产过程中必须应对社会经济和环境因素（赵敏娟等，2022），农业生产面临的诸多风险中，气候变化是最为重要的因素。它可能会扰乱作物种植甚至整个粮食生产系统，影响粮食安全。长期以来的碳减排，世界各国应对气候变化的措施多是集中在工业、物流运输等领域，农业很容易被忽略。但农业也是温室气体排放的第二大来源，2021 年《自然—食品》发布的开创性最新研究显示，世界粮食体系占全球人为温室气体排放量的 1/3 以上（Crippa et al.，2021）。据世界银行估计，2050 年全球农业碳排放将以 30% 的速度增长，农业碳排放源十分复杂，全球农业减排任务迫在眉睫（黄燕等，2018）。中国是最大的发展中国家，也是农业大国之一。2017 年，中国农业碳排放总量占亚洲农业碳排放总量的比例约为 29.01%，占世界总量的比例约为 12.54%，减排压力与潜力不应被忽视。因此本章重点探究农业技术进步对农业碳排放的影响和作用机制，从省域角度分析农业技术进步与碳排放的空间溢出关系。

技术进步是实现低碳农业的有效手段。以往关于农业技术进步的研究多是从农业农民增收、经济增长、粮食增产、要素禀赋的耦合协调度等角度展开。例如，刘进宝和刘洪（2004）、廖开妍（2020）、张宽（2017）等以农民收入为切入点进行分析，王镜淳和穆月英（2022）、黄大湖和丁士军（2022）等分析了农业技术进步对收入差距角度的影响。技术进步同样是影响环境的关键驱动力。邵帅（2022）认为，绿色技术进步存在"技术红利"效应，可以促进本地和空间关联地区碳排放绩效的改善，但其间接效应的稳健性较弱。蒋为等（2022）认为，借助工业机器人带来的资本体现式技术进步能够提高能源利用效率，有效减少制造业碳排放。农业方面，魏玮等（2018）利用 GTAP – E 模型发现，农业技术进步可以有效控制农业能源增长，胡中应（2018）认为，农业技术进步有利于农业碳排放强度的降低。田云和尹忞昊（2021）测度了 2001～2018 年农业碳排放的回弹效应，认为农业碳排放总体上存在部分回弹，技术进步对农业能源碳排放强度具有明显的抑制作用，同时也表现出显著的空间溢出效应。杨钧（2013）以 1997～2009 年为研究范围，认为农业技术进步显著增加了农业碳排放总量，但农业技术进步有利于农业碳排放强度的降低。本章在现有研究的基础上，基于空间计量模型和门槛模型分析农业技术进步对碳排放的影响。

通过对文献研究的梳理可以发现，关于农业碳排放以及农业技术进步的相关研究已经较为丰富。但还存在需要进一步研究的方面：大多数文献在采用 DEA – Malmquist 指数表征农业技术进步时往往忽略了农业碳汇量也是一种期望产出，即忽略了农业自身存在的固碳功能。但产出中忽视农业具有缓解温室效应的碳汇是不可取的。因此，本章将不同地区的农业碳汇量也作为期望产出纳入指标体系，基于碳汇视角从不同角度测算农业技术进步。已有相关文献对农业技术进步与碳排放量两者之间的关系进行了相关研究。多是采用传统计量经济学方法进行考察。事实上，无论是农业技术进步，还是农业碳排放都具有很强的空间相关性，不同地区间存在模仿行为。相关研究对于可能存在的空间溢出效应研究和作用机理仍有欠缺，同时缺乏基于门槛变量的非线性分析。

第二节　理论机制构建

一、农业技术进步对农业碳排放的减排效应

格鲁斯曼认为，经济规模、经济结构、技术进步等因素是影响环境变化的主要因素（Gene et al.，1995）。内生增长理论认为，技术进步将会提高物质资源的使用效率，在节约资源消耗提高循环利用的同时将会减少向环境中排放的污染物。反映在农业领域：一方面，技术进步可以促进能源技术革命，加快低碳技术的研发。若农业技术进步偏向于"清洁生产"，在增加农业产值与粮食产量时便不会增加农业碳排放；另一方面，农业技术进步可能引起农用物资投入结构发生变化，降低化肥、农药、农膜等要素使用量，进而降低农业碳排放。技术进步也可能会引起产业结构变化，间接达到减排效果。此外，由于空间溢出效应的存在，技术进步可以促进邻近区域的学习效应，知识溢出、经验溢出、技术溢出使更多的地区在碳减排的过程中受益。

二、农业技术进步对农业碳排放的回弹效应

农业技术进步并不总是有助于减少碳排放量，反弹效应的存在可能会增大碳减排的压力。反弹效应包括直接反弹效应、间接反弹效应以及经济系统层面的反弹效应（杨莉莎等，2019）。技术水平提高通过对能源价格和能源使用成本产生影响，进一步影响生产者的实际收入水平，并且由于能源价格和成本的改变，生产者将对能源替代要素形成新的预期，影响能源消费量和碳排放量。技术进步对产出的增长作用也会对碳排放量产生回弹。农业领域的技术进步会提高农业生产率，促进生产规模扩大，规模扩大将刺激生产者对农用物资的需求量，从而导致农业碳排放的增加。同时，技术进步会提高农用要素使用效率，进而降低要素价格，减少生产经营成本，间接推动农业生产者扩大生产规模，增加要素消耗，导致碳排放增加。

另外，不同地区农业发展状况不同。城乡收入差距小的地区为农户生产、生活提供便利，容易吸引人才集聚，促进农业技术进步。农村居民人均可支配收入高的农户将更愿意应用清洁技术，使用低碳设备。农业技术水平提高对农业碳排放的影响不一定是完全的抑制作用。技术进步对农业碳排放的影响也可能并不是简单的非线性关系。农村居民可支配收入、城乡收入差距等不同变量存在阈值，也会导致农业技术进步对碳排放的影响发生变化。

三、农业经济发展水平和城镇化在农业技术进步对碳排放空间溢出的中介效应

农业经济发展水平是推动农业碳排放增长的主要驱动因素。环境库兹涅茨理论提出，经济发展与环境状况会呈现倒"U"型曲线，经济发展不同阶段的环境状况会经历先恶化再治理的过程。同时，由于"挤出"效应的存在，本地区农业经济发展水平的提高可能并不能降低邻近地区的农业碳排放，农业经济发展水平较高的地区吸引了更多的"低碳资源"，使得邻近地区在减少农业碳排放过程中面临更高的成本。

城镇化水平高的地方，经济基础好，设备完善，先进的清洁技术更容

易普及，应当充分发挥农业技术的经济效应与环境效应；并且转移至城镇的劳动力由农产品生产者转变为农产品消费者，对农产品的安全品质有了更高的需求。促使农户采用绿色低碳农业技术，减少农药化肥等投入要素的使用，进而可以提升农业绿色生产效率，减少农业碳排放。但城镇化建设在促进地区经济发展的同时容易带来产业结构失衡、环境污染等问题。高城镇化率吸引农村人走向城市，刺激邻近地区农业产品的需求。城镇化率提高，意味着农村人口转变为城镇人口，农村劳动力减少，间接促进了农业生产者生产规模化，增加了生产物资需求，进而增加碳排放。过高的城镇化率，一定程度上意味着农村劳动力出现老龄化、女性化、兼业化，为了保证粮食产量，农户大量投入化肥、农药、农膜以及机械设施等替代性生产要素，产生了大量的农业碳排放。

第三节　研究方法、变量说明与数据来源

一、研究方法

（一）莫兰指数模型

在进行空间分析前，要对被解释变量农业碳排放量进行空间相关性分析，以验证其存在空间溢出性。全局空间莫兰指数可以考察农业碳排放的整体区域关联性。计算公式为：

$$I = \frac{\sum_{i=1}^{n} \sum_{j=1}^{n} \omega_{ij} \left(y_i - \bar{y} \right) \left(y_j - \bar{y} \right)}{s^2 \sum_{i=1}^{n} \sum_{j=1}^{n} \omega_{ij}} \tag{7.1}$$

运用局部莫兰指数进一步辨识碳排放的局域空间特性，计算公式为：

$$I_i = \frac{\left(y_i - \bar{y_i} \right)}{\frac{1}{n} \sum_{i=1}^{n} \left(y_i - \bar{y_i} \right)^2} \sum_{j=1}^{n} \omega_{ij} \left(y_i - \bar{y_i} \right) \tag{7.2}$$

其中，y_i 和 y_j 分别是地区 i 和地区 j 属性值，$\bar{y}$ 是 y 的平均值，ω 是空间权重。若 $I > 0$，表示空间正相关；若 $I < 0$，表示空间负相关；若 $I = 0$，表示不存

在空间相关性。

（二）空间杜宾模型

为探究农业技术进步对碳排放的空间效应，将变量的空间相关性引入模型中，在设定模型时需要充分考虑空间计量模型，同时为避免其他宏观因素的影响，使用双向固定效应模型，固定了年份效应和个体效应。综合考虑各个变量之间的关系，建立具有更一般的形式的空间杜宾模型 SDM：

$$
\ln(car_{it}) = \alpha_0 + \rho \sum_{i=1}^{n} W\ln(car_{it}) + \beta_1 \ln(tc_{it}) + \beta_2 \ln(X_{it})
$$

$$
+ \rho_1 \sum_{i=1}^{n} W\ln(tc_{it}) + \rho_2 \sum_{i=1}^{n} W\ln(X_{it}) + \mu_i + \delta_t + \varepsilon_{it}
$$

$$(7.3)$$

其中，car_{it} 为农业碳排放量，tc_{it} 为农业技术进步，X_{it} 为控制变量，W 为空间权重矩阵，μ_i 为个体固定效应，δ_t 为时间固定效应，ε_{it} 为随机扰动项。本章选取地理距离矩阵与经济距离矩阵进行分析。其中，地理距离矩阵是地理之间距离平方的倒数作为权重，经济距离矩阵是以 2007 ~ 2020 年各地区人均 GDP 作为权重计算。

（三）门槛模型

鉴于农业技术进步对碳排放影响的复杂关系。考虑变量的不同水平下，农业技术进步对碳排放影响的具体作用规律：

$$
\ln(car_{it}) = \alpha_1 + k_1 \ln(tc_{it}) \times I\{T_{it} \leq \gamma_1\} + k_2 \ln(tc_{it}) \times I\{\gamma_1 < T_{it} \leq \gamma_2\}
$$

$$
+ k_3 \ln(tc_{it}) \times I\{T_{it} > \gamma_2\} + k_4 \ln(X_{it}) + \mu_i + \delta_t + \varepsilon_{it}
$$

$$(7.4)$$

其中，I 是示性函数，γ 是待估的门槛值，T 是门槛变量。

二、变量说明

（一）解释变量

被解释变量—农业碳排放。农业碳排放测算主要包括两部分，第一部分是使用农业机械带来的碳排放，其计算公式为：

$$E_m = A_m \times B + W_m \times C \qquad (7.5)$$

其中，A_m 为农作物种植面积，W_m 为农用机械总动力，B、C 分别为农作物种植面积、农用机械总动力的转换系数，分别为 16.47kg/hm²、0.18kg/kW。

第二部分是农用机械以外的农业要素投入所产生的碳排放，本章采用排放系数来计算，将化肥使用量、农药使用量、农膜使用量、农用柴油使用量、灌溉面积五方面作为农业碳排放的主要来源，其计算公式为：

$$C_{排} = \sum_{i=1}^{k} (Y_i \times b_i) \qquad (7.6)$$

其中，k 为农用物资种类数，Y_i 为农用物资消耗量，即第 i 种农业投入要素的使用量，b_i 为该农用物资的碳排放系数。各类农用物资的排放系数如表 7-1 所示。

表 7-1 不同农业投入要素的碳排放系数

碳源	碳排放系数	单位
化肥	0.895 6	kg（C）·kg⁻¹
农药	4.934 1	kg（C）·kg⁻¹
农膜	5.18	kg（C）·kg⁻¹
农用柴油	0.592 7	kg（C）·kg⁻¹
农业灌溉	266.48	kg（C）·hm⁻²

核心解释变量—农业技术进步。借鉴相关研究，全要素生产率 TFP 衡量的是广义的技术进步，指数分解出的技术改进 TECH 衡量的是狭义的技术进步（李平和随洪光，2008）。本章运用 DEA - Malmquist 指数法分解后的技术改进衡量农业技术进步（陈冲和吴炜聪，2021；何晓霞等，2022；马九杰和崔恒瑜，2021）。具体的投入变量包括：播种面积、灌溉面积、化肥、农药、农膜、机械总动力、从业人员；产出变量包括农业总产值、粮食产量、农业碳汇量，农业总产值采用不变价来处理。其中，农业碳汇量将稻谷、小麦、玉米、豆类、花生、油菜籽、棉花、薯类、烟草、蔬菜、瓜果、其他作物作为农业碳汇的主要来源计算。

（二）其他变量

控制变量。参考已有文献（周一凡等，2022；信猛等，信猛和陈菁泉，2023），控制变量选取劳动力素质（qal）、化肥施用强度（fer）、农业产业结构（str）、农业机械化程度（tech）。其中，劳动力素质用平均每一农业劳动力生产粮食产量衡量；化肥施用强度用化肥使用量与农作物播种面积之比表征；农业产业结构用农业产值与农林牧副渔总产值之比表征；农业机械化程度用机耕面积与农作物播种面积之比表征。

中介变量。农业经济发展水平采用人均农业生产总值来表征。城镇化率是城镇人口与总人口的比例。

门槛变量。农村人均可支配收入来自《中国统计年鉴》。城乡收入差距采用城镇收入与农村收入之比表征。

三、数据来源

本章研究对象为中国31个省份（不包括港澳台地区），涉及的原始数据如农业化肥使用量、农业播种面积等来源于《中国统计年鉴》《中国农村统计年鉴》以及各省份统计年鉴。部分数据存在缺失值均采用插值法填充。

第四节 农业技术进步的碳排放效应

一、农业碳排放量测度

2007~2020年，中国农业碳排放量从9 350.30万吨增加到9 821.54万吨，增长了5.04%，如图7-1所示。整体来看，农业碳排放量经历了"上升—下降"两个阶段。其中，2007~2015年是快速上升阶段，波动增长了

17.37%；2015～2020 年是下降阶段，逐年下降了 10.50%，在 2015 年达到峰值 10 974.21 万吨。

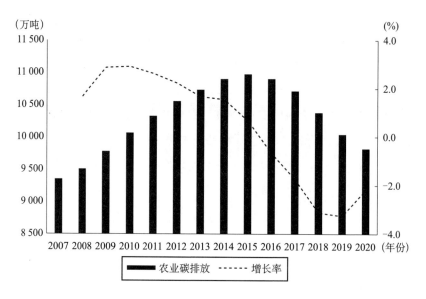

图 7 – 1　全国农业碳排放总量与增长率变化

资料来源：笔者绘制。

2007～2020 年，各省份年均农业碳排放量较高的省份聚集在粮食主产区省份，如河南、山东、河北、江苏、安徽、黑龙江、湖北、湖南、四川，如图 7 – 2 所示。这些省份是农业大省，农业生产规模较大。排放量较高的还有新疆，作为一个非粮食主产区省份，2007～2020 年年均碳排放排在第八位，主要原因在于农用物资明显呈增长趋势，其中农用化肥量增长了 0.89 倍，农膜使用量增长了 0.84 倍，柴油使用量增长了 0.69 倍，因此，新疆需根据实际合理需求调整农业产业结构，推广技术应用，加强农业绿色化和农村生态化建设。排名前十的省份农业碳排放量占总排放量的 58.45%。年均农业碳排放量较少的省份排序依次是山西、贵州、重庆、海南、宁夏、天津、上海、北京、青海、西藏。农业碳排放量只占总排放量的 7.81%，省级之间差异明显。

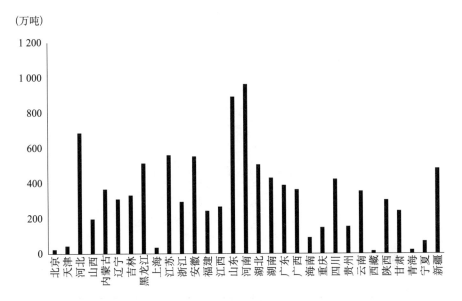

图 7 – 2　各省份农业碳排放年均量

资料来源：笔者绘制所得。

农业碳排放量随时间演变的密度估计曲线如图 7 – 3 所示，其中，横轴代表农业碳排放量，纵轴代表核密度，波峰的高度反映农业碳排放量的时间态势集聚程度。可以看出，2007～2020 年，我国各省份农业碳排放均呈现出明显的"双峰"态势，这说明各省份农业碳排放量存在两极分化趋势，某些地区向农业碳排放量较低地区集中，某些地区向农业碳排放量较高地区集中，各地区的农业碳排放量差异较大。其中，2007～2015 年农业碳排放的核密度分布曲线整体向右平移，反映了我国农业碳排放量在这一时间段内呈现增长趋势。2007～2011 年，这一时间段内波峰高度下降，宽度有所增加，峰值有右移趋势，这说明省级之间农业碳排放水平差异有所扩大。到 2015 年密度曲线呈"M"型，峰值左移，并且左峰不断变窄变矮，反映了两极分化现象有所减弱，状态好转。2015～2020 年，密度曲线左移，全国农业碳排放量下降。

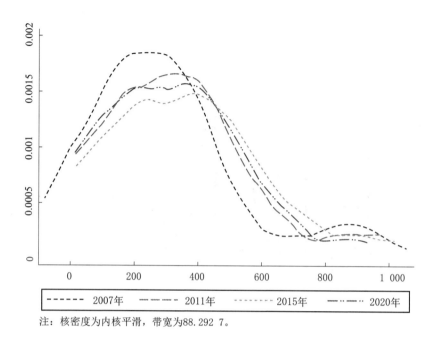

注：核密度为内核平滑，带宽为88.292 7。

图7-3 全国农业碳排放的核密度分析结果

资料来源：笔者绘制所得。

二、空间自相关检验与模型选择

基于经济距离矩阵与地理距离矩阵，对全国31个省份的农业碳排放量进行空间自相关检验。如表7-2所示，可以发现，经济距离矩阵全局莫兰指数少数年份不显著，而地理距离矩阵下全局莫兰指数每年均显著。因此，2007~2020年全国农业碳排放量呈现显著的相关性。忽略这种空间相关关系，会导致模型估计结果的偏误，需要采用空间计量模型进行分析估计。以地理距离矩阵为例，全局莫兰指数均为正，数值范围在0.089~0.124，可见，全国范围内农业碳排放量在相近的地区表现出空间集聚，即农业碳排放较高的地区相互集聚形成高排放集聚，农业碳排放水平相对较低的地区相互集聚形成低排放集聚。具体而言，2007~2020年考察期内，农业碳排放的莫兰指数从0.096上升至0.124，增长了约29.17%。虽然在2008~2012年、2013~2014年出现短暂下降，但农业碳排放的莫兰指数整体呈现增长趋势，表明农业碳排放量的空间自相关性呈现增强趋势。

表7-2　　　　　　　　　　农业碳排放的全局莫兰指数

地理距离矩阵				经济距离矩阵			
年份	Moran's I	z	P 值	年份	Moran's I	z	P 值
2007	0.096 *	1.418	0.078	2007	0.058	0.900	0.184
2008	0.098 *	1.446	0.074	2008	0.066	0.975	0.165
2009	0.097 *	1.432	0.076	2009	0.083	1.145	0.126
2010	0.095 *	1.406	0.080	2010	0.088	1.192	0.117
2011	0.092 *	1.375	0.085	2011	0.096	1.266	0.103
2012	0.089 *	1.343	0.090	2012	0.103 *	1.339	0.090
2013	0.090 *	1.349	0.089	2013	0.115 *	1.453	0.073
2014	0.089 *	1.340	0.090	2014	0.123 *	1.526	0.064
2015	0.093 *	1.382	0.084	2015	0.134 *	1.636	0.051
2016	0.093 *	1.382	0.083	2016	0.138 **	1.677	0.047
2017	0.107 *	1.530	0.063	2017	0.145 **	1.744	0.041
2018	0.120 **	1.678	0.047	2018	0.148 **	1.768	0.039
2019	0.122 **	1.694	0.045	2019	0.154 **	1.834	0.033
2020	0.124 **	1.718	0.043	2020	0.153 **	1.823	0.034

注：*、**、*** 分别表示10%、5%、1%的水平上显著。

资料来源：笔者计算所得。

如图7-4所示，地理距离矩阵下，2020年局部莫兰指数处于第一、第三象限的省份有16个，与全局莫兰指数表现出来的空间正相关性结果一致。其中高—高集聚的省份多集中在粮食主产区，2020年有9个省份。总体而言，粮食主产区省份承担着粮食安全的重任，水土资源较好，农业基础设施完善，在实现粮食产量长期稳定增长的同时不可避免地增加了农业碳排放，并产生扩散效应，辐射到周边地区。而同样是粮食主产区省份的河北辐射范围有限，原因在于周边地区经济发达，如北京、天津等省份的农业在产业结构中所占的比重较低，并且由于快速城市化的推进，减少了区域内农村劳动力，提高了劳动生产率与绿色生产率，另外，快速城镇化促进农业产业结构调整，对技术创新、发展低碳农业技术、农业高质量发展提出了更高要求，使得农业碳排放量较低。从前面的分析中可以看

出，全国 31 个省份的农业碳排放量在空间上存在相关性。本章通过 LM
检验、LR 检验、WALD 检验来判断模型选择。

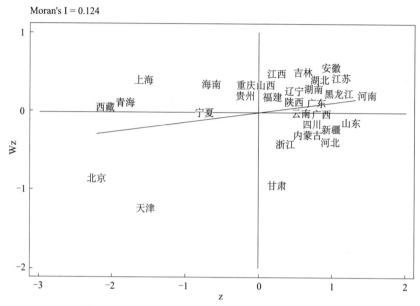

图 7 – 4 2020 年农业碳排放的局部莫兰指数散点图

资料来源：笔者绘制所得。

如表 7 – 3 所示，结果显示，无论选择地理距离矩阵还是经济距离矩阵
LM – SEM、Robust – LM – SEM、LM – SLM、Robust – LM – SLM 均通过显著
性检验。LM 检验证明了空间相关性存在。进而需要通过 LR 与 WALD 检验
来判断空间杜宾模型（SDM）能否简化为空间滞后模型（SAR）或者空间
误差模型（SEM）。经济距离矩阵和地理距离矩阵的检验结果显示，拒绝了
空间杜宾模型可以退化为空间滞后模型或空间误差模型的原假设，表明单
纯使用空间误差模型和空间滞后模型都可能会存在偏误，因而本章选择空
间杜宾模型，同时采用 Hausman 检验判断应当选择固定效应模型。

表 7 – 3   **空间计量模型的检验结果**

地理距离矩阵	统计量	P 值	经济距离矩阵	统计量	P 值
空间误差效应（SEM）检验			空间误差效应（SEM）检验		
Moran's I	2.316	0.021	Moran's I	8.075	0.000
Lagrange multiplier	4.304	0.038	Lagrange multiplier	61.832	0.000

续表

地理距离矩阵	统计量	P 值	经济距离矩阵	统计量	P 值
Robust Lagrange multiplier	22.945	0.000	Robust Lagrange multiplier	26.866	0.000
空间滞后效应（SLM）检验			空间滞后效应（SLM）检验		
Lagrange multiplier	13.754	0.000	Lagrange multiplier	42.646	0.000
Robust Lagrange multiplier	32.396	0.000	Robust Lagrange multiplier	7.679	0.006
LR – SLM 检验	40.07	0.000	LR – SLM 检验	47.56	0.000
LR – SEM 检验	58.14	0.000	LR – SEM 检验	73.07	0.000
WALD – SLM 检验	37.72	0.000	WALD – SLM 检验	48.16	0.000
WALD – SEM 检验	60.94	0.000	WALD – SEM 检验	78.61	0.000

资料来源：笔者计算所得。

三、空间溢出效应分析

（1）空间溢出效应分析。地理距离矩阵和经济距离矩阵的空间相关系数 Spatial – rho 在 1% 的检验水平上显著为正，说明农业碳排放具有正向的空间溢出效应，即表现为高排放地区与高排放地区的高度集聚或低排放量地区与低排放地区的集聚，如表 7 – 4 所示。以经济距离矩阵为例，农业技术进步（Intc）、劳动力素质（Inqual）、机械化水平（In_ tech）、化肥施用强度（In_ fer）、农业产业结构（In_ str）五个变量的参数估计值分别为 0.058、0.267、0.152、0.383、0.238，表示一个省份中各个影响因素变动对自身农业部门碳排放的影响程度。这些变量皆在 1% 置信水平上显著为正，表明该变量增长将引起农业碳排放的同向增加。解释变量空间滞后变量表明，一个省份各个影响因素的变化对其相邻省份农业碳排放量的影响效果。除去机械化水平，农业技术进步、化肥施用强度、农业产业结构均在 1% 的水平上显著为正，劳动力素质在 5% 的水平上显著为正，因此，一个省份的变量增长将引起农业碳排放的同向增加。

表 7 – 4 基准回归结果

项目	经济距离矩阵 农业碳排放	地理距离矩阵 农业碳排放
参数（Main）		
lntc	0.058 ***	0.029 **
	(0.015)	(0.013)
lnqal	0.267 ***	0.277 ***
	(0.028)	(0.025)
ln_ tech	0.152 ***	− 0.007
	(0.030)	(0.027)
ln_ fer	0.383 ***	0.396 ***
	(0.051)	(0.043)
ln_ str	0.238 ***	0.001
	(0.068)	(0.061)
加权参数（Wx）		
lntc	0.122 ***	0.144 ***
	(0.041)	(0.042)
lnqal	0.157 **	0.014
	(0.074)	(0.060)
ln_ tech	0.014	0.102
	(0.065)	(0.063)
ln_ fer	0.453 ***	0.241 **
	(0.125)	(0.116)
ln_ str	0.916 ***	0.546 ***
	(0.165)	(0.160)
Spatial rho	0.283 ***	0.696 ***
	(0.072)	(0.052)
Variance sigma2_ e	0.005 ***	0.004 ***
	(0.000)	(0.000)
N	434	434

注：*、**、*** 分别表示 10%、5%、1% 的水平上显著。括号内为标准误。
资料来源：笔者计算所得。

（2）空间溢出效应分解。如表 7 – 5 所示，若被解释变量的空间自相关 rho 系数显著且不为 0，则不能直接使用空间矩阵估计系数的回归系数来衡量解释变量对被解释变量的空间溢出效应，应当使用偏微分法将其拆分为直接效应、间接效应和总效用，得到解释变量的无偏估计结果。

表 7 - 5   空间效应分解结果

项目	经济距离矩阵农业碳排放			地理距离矩阵农业碳排放		
	直接效应	间接效应	总效应	直接效应	间接效应	总效应
lntc	0.067 ***	0.187 ***	0.254 ***	0.061 ***	0.525 ***	0.586 ***
	(4.28)	(3.40)	(4.12)	(0.017)	(0.158)	(0.169)
lnqal	0.279 ***	0.308 ***	0.587 ***	0.314 ***	0.642 ***	0.956 ***
	(10.47)	(3.91)	(6.87)	(0.028)	(0.198)	(0.214)
ln_ tech	0.158 ***	0.078	0.236 **	0.013	0.294	0.307
	(5.05)	(0.83)	(2.08)	(0.029)	(0.192)	(0.206)
ln_ fer	0.413 ***	0.757 ***	1.170 ***	0.494 ***	1.662 ***	2.156 ***
	(8.53)	(4.77)	(6.50)	(0.053)	(0.481)	(0.516)
ln_ str	0.299 ***	1.338 ***	1.637 ***	0.106	1.725 ***	1.831 ***
	(4.24)	(5.18)	(5.56)	(0.075)	(0.552)	(0.601)
N	434			434		

注：*、**、*** 分别表示 10%、5%、1% 的水平上显著。括号内为标准误。

资料来源：笔者计算所得。

（3）农业技术进步。农业技术进步在经济距离矩阵中直接效应、间接效应、总效应表现出对农业碳排放的影响系数均为正。其中，间接效应是通过相邻省份间的空间溢出效应得到的累计效果值，总效应则反映一个省份农业技术进步变动中，源于自身驱动因素和驱动因素的空间互动累计两部分。以经济距离矩阵为例，农业技术进步对本省碳排放量的影响系数为0.067，通过空间传导机制最终对其他省份农业碳排放影响系数为 0.187，这表明现阶段农业技术进步对碳排放回弹效应效果显著。

（4）劳动力素质。劳动力素质在 1% 的水平上显著为正。劳动力素质用平均每一劳动力所产生的粮食产量表示。劳动力素质越高，意味着粮食产量越高，生产过程中可能会产生更多的二氧化碳。

（5）化肥施用强度和机械化水平。化肥施用强度在 1% 的水平上显著为正，机械化除间接效应均显著为正。化肥施用强度是化肥使用量与农作物播种面积之比，化肥施用强度越高意味着化肥施用量越多，是农业生产低效化的表现。虽然机械化水平改善会提高农业耕作效率，但高耗能的农业发展也会间接产生碳排放。机械化以及现代化步伐进程加快，导致农用能源使用量增加，进而促进农业直接碳排放增加。

（6）农业产业结构。农业产业结构在1%的水平上显著为正。农业产业产值所占比重提高，意味着农业经济发展水平提高，对农业化肥、农药、农膜等要素产生更高的需求，也反映了当前农业发展缺乏高效化、绿色化。地区间产业结构也会存在一定的"效仿性"，随着种植业占农林牧副渔的比重提高，会产生更多的农用物资消费，不恰当的生产方式会产生更多的农业碳排放。

（7）稳健性检验。本章选择的核心解释变量是考虑碳汇时的农业技术进步，因此选择不考虑碳汇的农业技术进步作为替换核心解释变量。从表7-6中可以看出，核心解释变量系数符号与显著性水平基本一致，因此，前面的回归结果稳健有效。

表7-6　　　　　　　　稳健性检验

项目	经济距离矩阵下农业碳排放	经济距离矩阵下—替换变量农业碳排放	地理距离矩阵下—替换变量农业碳排放
Main			
lntc	0.058 ***	0.047 ***	0.021 *
	(0.015)	(0.014)	(0.012)
Wx			
lntc	0.122 ***	0.155 ***	0.161 ***
	(0.041)	(0.041)	(0.039)
直接效应			
lntc	0.067 ***	0.058 ***	0.057 ***
	(4.28)	(0.015)	(0.016)
间接效应			
lntc	0.187 ***	0.227 ***	0.600 ***
	(3.40)	(0.056)	(0.168)
总效应			
lntc	0.254 ***	0.285 ***	0.658 ***
	(4.12)	(0.063)	(0.180)
N	434	434	434

注：*、**、*** 分别表示10%、5%、1%的水平上显著。括号内为标准误。
资料来源：笔者计算所得。

（8）机制检验。检验农业经济发展水平（lnagdp）、城镇化率（ln_urban）作为影响渠道的空间效应，先要检验农业技术进步对农业碳排放的空间效应，然后进一步检验农业技术进步是否会影响中介变量，最后检验农业技术进步通过中介变量进而影响农业碳排放的间接影响。

（9）检验农业发展水平的影响效应。表 7 - 7 的回归结果显示，农业技术进步对农业经济发展水平无论是直接效应、间接效应还是总效应都具有显著的正向作用，即农业技术进步会促进农业经济发展水平。两者都纳入回归模型也均保持显著。这一结果一定程度上表明了农业经济发展水平是农业技术进步影响碳排放的一个中介变量，在农业技术进步影响碳排放的过程中，农业经济发展水平起到部分中介效应的作用，表明在农业技术进步影响碳排放的传导机制中，农业经济发展水平扮演着重要角色。

表 7 - 7　　　　　　　基于农业经济发展水平的中介效应检验

项目	农业经济发展水平	农业碳排放
直接效应		
lntc	0.036 ***	0.045 ***
	(0.010)	(0.014)
lnqal	0.061 ***	0.205 ***
	(0.017)	(0.027)
ln_ tech	0.126 ***	0.105 ***
	(0.020)	(0.031)
ln_ fer	- 0.031	0.404 ***
	(0.030)	(0.047)
ln_ str	0.053	0.225 ***
	(0.044)	(0.066)
lnagdp		0.190 **
		(0.075)
间接效应		
lntc	0.073 **	0.073 *
	(0.034)	(0.042)
lnqal	0.380 ***	0.031
	(0.051)	(0.074)
ln_ tech	- 0.019	- 0.197 **
	(0.061)	(0.077)
ln_ fer	0.398 ***	0.475 ***
	(0.099)	(0.128)

续表

项目	农业经济发展水平	农业碳排放
ln_ str	−0.012	0.798 ***
	(0.144)	(0.205)
lnagdp		1.142 ***
		(0.172)
总效用		
lntc	0.109 ***	0.118 **
	(0.038)	(0.046)
lnqal	0.441 ***	0.236 ***
	(0.055)	(0.080)
ln_ tech	0.108	−0.092
	(0.074)	(0.096)
ln_ fer	0.367 ***	0.879 ***
	(0.114)	(0.148)
ln_ str	0.041	1.023 ***
	(0.167)	(0.238)
lnagdp		1.333 ***
		(0.182)
N	434	434

注：＊、＊＊、＊＊＊分别表示10%、5%、1%的水平上显著。括号内为标准误。

资料来源：笔者计算所得。

（10）检验城镇化率的影响效应。表7-8的回归结果显示，农业技术进步对城镇化无论是直接效应、间接效应还是总效应都具有显著的正向作用，即农业技术进步会提高城镇化水平。两者都纳入回归模型后，农业技术进步的直接效应显著为正，但间接效应和总效应不显著，城镇化对农业碳排放无论是直接效应、间接效应、总效应都具有显著的正向影响。这一结果一定程度上表明了城镇化是农业技术进步影响碳排放的一个中介变量，在农业技术进步影响碳排放的过程中，城镇化起到完全中介效应的作用，表明在农业技术进步影响碳排放的传导机制中，城镇化扮演着重要角色。

表 7 - 8　　　　　　　　基于城镇化的中介效应检验

项目	城镇化	农业碳排放
直接效应		
lntc	0.058***	0.026*
	(0.009)	(0.013)
lnqal	-0.005	0.206***
	(0.015)	(0.025)
ln_ tech	0.005	0.130***
	(0.018)	(0.026)
ln_ fer	-0.010	0.419***
	(0.028)	(0.043)
ln_ str	0.086**	0.119**
	(0.040)	(0.060)
ln_ urban		0.364***
		(0.088)
间接效应		
lntc	0.117***	0.015
	(0.043)	(0.033)
lnqal	0.300***	0.015
	(0.061)	(0.056)
ln_ tech	-0.076	0.014
	(0.075)	(0.051)
ln_ fer	0.193	0.323***
	(0.122)	(0.098)
ln_ str	0.531***	0.322**
	(0.179)	(0.152)
ln_ urban		1.334***
		(0.168)
总效用		
lntc	0.176***	0.041
	(0.048)	(0.034)
lnqal	0.295***	0.221***
	(0.067)	(0.057)
ln_ tech	-0.072	0.144**
	(0.089)	(0.064)

续表

项目	城镇化	农业碳排放
ln_ fer	0. 184	0. 742 ***
	(0. 140)	(0. 109)
ln_ str	0. 617 ***	0. 441 **
	(0. 205)	(0. 176)
ln_ urban		1. 698 ***
		(0. 148)
N	434	434

注：*、**、*** 分别表示10%、5%、1% 的水平上显著。括号内为标准误。

资料来源：笔者计算所得。

四、门槛效应分析

本章不仅探讨农业碳排放存在的空间溢出关系，还讨论可能存在的非线性关系。为验证农业技术进步与碳排放之间的非线性关系，常用的方法是加入解释变量的二次项，但二次项与一次项之间往往存在高度共线性，从而影响回归结果的稳健性。因此，本章采用汉森（Hansen）提出的非线性面板门槛回归模型，通过在模型中引入门槛变量进行分析。选取的门槛变量为农村居民人均可支配收入、城乡收入差距。进行门槛模型分析前需要对门槛数量与门槛值进行检验。通过 bootstrap 法抽样 400 次，F 统计量与P 值检验说明农村居民人均可支配收入、城乡收入差距分别在1%、5%的水平上通过单门槛检验，拒绝了模型是线性形式的原假设。农村居民人均可支配收入双门槛的 F 统计量值为 55.68，通过显著性水平检验，即农村居民人均可支配收入、城乡收入差距拒绝不存在门槛值的原假设。不同变量的影响下，农业技术进步和农业碳排放之间存在门槛效应，如表 7 - 9 所示。

表 7 - 9　　　　　　　　　　门槛检验结果

门槛变量	模型	门槛值	F 统计量	p 值	10%	5%	1%
农村居民可支配收入	单一门槛	9. 593	105. 93	0. 000	18. 739	23. 716	54. 741
城乡收入差距	二重门槛	10. 147	55. 68	0. 003	17. 122	19. 693	30. 674
	单一门槛	0. 820	50. 64	0. 018	13. 561	18. 429	66. 861

资料来源：笔者计算所得。

表7-10是以农村居民人均可支配收入作为门槛变量的回归结果，可以看出，当农村居民人均可支配收入的对数值小于9.593，即农村居民人均可支配收入少于14 662元时，农业技术进步对碳排放的影响在5%的显著性水平上呈现正相关，农业技术进步每增加1%，会使农业碳排放增加0.028。而当跨过第一道门槛，达到第二道门槛和第三道门槛时，农村居民人均可支配收入在14 662元以上，此时农业技术进步对碳排放的影响均在1%的显著性水平上呈现负相关。究其原因，可能是随着收入的增加，农民在扩大生产规模的同时购买低碳设备，采用更为清洁的生产方式，进而促进农业碳减排。截至2015年，除少数省份如北京、天津、上海、江苏、浙江等，农村居民人均可支配收入低于14 662元的省份有26个，是造成农业技术进步减排效应不明显的主要原因。

表7-10　　　　　　　农村居民人均可支配收入的门槛估计结果

变量	农业碳排放
lnqal	0.252 ***
	(11.60)
ln_ tech	0.066 **
	(2.45)
ln_ fer	0.484 ***
	(9.77)
ln_ str	0.288 ***
	(4.05)
lntc （ln 农村居民人均可支配收入≤9.593）	0.028 ** (2.39)
lntc （9.593＜ln 农村居民人均可支配收入≤10.147）	-0.948 *** (-9.36)
lntc （lninocme＞10.147）	-3.375 *** (-10.08)
常数项	7.103 ***
	(42.77)
观测值	434
样本数量	31
R^2	0.511

注：*、**、*** 分别表示10%、5%、1%的水平上显著。括号内为标准误。

资料来源：笔者计算所得。

　　以城镇居民收入与农村居民收入之比表征城乡收入差距，其作为门槛变量的回归结果显示（如表 7 - 11 所示）。当收入差距的对数值小于 0.820，即收入差距小于 2.27 时，农业技术进步对碳排放的影响在 1% 的水平上显著为负。收入差距大于 2.27 时，农业技术进步对碳排放的影响在 5% 的水平上显著为正。2019 年城乡收入差距小于 2.27 的有天津、吉林、黑龙江、上海、江苏、浙江、河南 7 个省份，2020 年城乡收入差距小于 2.27 的有天津、吉林、黑龙江、上海、江苏、浙江、河南、福建、湖北 9 个省份。缩小城乡收入差距的任务依然艰巨。

表 7 - 11　　　　　　　　城乡收入差距的门槛估计结果

变量	农业碳排放
lnqal	0.213 ***
	(8.85)
ln_ tech	0.047
	(1.55)
ln_ fer	0.497 ***
	(8.90)
ln_ str	0.375 ***
	(4.71)
lntc （ln 城乡收入差距≤0.820）	− 0.853 *** （ − 6.56）
lntc （ln 城乡收入差距＞0.820）	0.033 ** （2.51）
常数项	7.208 *** （38.58）
观测值	434
样本数量	31
R^2	0.379

　　注：*、**、*** 分别表示 10%、5%、1% 的水平上显著。括号内为标准误。

　　资料来源：笔者计算所得。

第五节　结论与政策建议

　　本章以中国 31 个省份（港澳台无数据）为研究对象，测算了 2007 ~

2020 年农业碳排放量，基于空间杜宾模型分析了农业技术进步对农业碳排放量的影响以及作用机制。主要结论如下。

第一，2007～2020 年，农业碳排放量呈总体上升趋势，从 2007 年的 9 350.30 万吨增加到 2020 年的 9 821.54 万吨。2007～2015 年是快速上升阶段，2015～2020 年是下降阶段。农业碳排放量在空间上表现出一定的空间正相关性，表现为局部正相关的省份多集中在粮食主产区。

第二，农业技术进步、劳动力素质、机械化水平、化肥施用强度、农业产业结构皆在不同置信水平上显著为正，表明该变量增长将引起农业碳排放的同向增加。农业技术进步的"回弹效应"明显。

第三，农业经济发展水平、城镇化在农业技术进步影响碳排放的过程中扮演着重要角色。农村居民收入、城乡收入差距作为门槛变量在对应显著性水平条件下存在明显的门槛阈值，农业技术进步对农业碳排放的影响存在异质性。提高农村居民收入和缩小城乡收入差距是实现农业碳减排的重要举措。

结合本章研究结论，提出以下建议。

第一，完善区域合作机制与任务细分机制。开展空间合作，探索农业碳减排的时空消纳机制。农业碳减排也需要构筑平台，在农业碳减排方面减少区域之间的差异性，通过设置区域农业碳减排基金等，形成区域之间合作交流的平台。此外，经济发达的东部地区，也是农业碳排放的重点区域，具有经济发达的优势，应当多承担新型低碳技术的研发工作，利用沿海等地理优势跨国际合作，引进开发新的低碳项目，推广到区域内各省份和辐射周边区域，尤其要向新疆、西藏、青海、宁夏等西部地区提供减排技术和减排资本，挖掘碳汇潜力，提高固碳减排能力。农作物产量高、碳排放量多的粮食主产区省份，在保证粮食产量的前提下，应减少或控制农用物资如化肥、农膜、农药的使用量，积极探索使用清洁能源以改变传统的高排放生产方式。在促进农业产业结构优化升级的同时守住耕地红线，倡导增产与增质相协调的生产模式。

第二，强化农业绿色低碳技术的研发。加强区域科技创新合作，政府应加大财政支撑力度。力求营造良好的技术研发环境，扩大农业技术的空间溢出渠道，使更多区域能够从技术进步中获益。促进知识、经验与技术在区域间的流动。推广节能减排技术，使用低碳节约型农用设备。加大低碳农业宣传力度，提高农业生产者整体素质，政府应加大对低碳农业技术与设备的资金支持，推动高校与企业、农业生产机构之间的科研合作。在提高经济发展水平的前提下，加大科技投入。

第三，农村居民收入是农业技术进步促进碳减排的重要因素。因此，政府需要制定农业保险相关政策，因地制宜了解不同地区农业生产情况和特点，降低农业生产者的经营风险和科技创新风险；关注农民实际收入水平，缩小城乡收入差距，促进农业经济内涵性增长，稳定农业生产，实现农业政策的福利效应。

第八章　农业产业生态化
有效推手：碳中和

第一节　农业保供和降碳的辩证统一

一、农业绿色发展逐步演化成为满足人民美好生活的重要前提

绿水青山就是金山银山，是中国共产党人经过百年的发展实践提出的中国生态文明发展重要理念，也是对中国特色社会主义发展道路中经济高质量发展与生态保护之间权衡的生态表达，为全人类提供了可持续发展的中国方案。在生态价值实现中，乡村，是绿水青山的有效载体，同时也是绿水青山转化为金山银山的主阵地，乡村振兴战略的实现需要坚持农业绿色发展。中国社会主义建设迈入了第二个百年奋斗目标，"小康不小康，关键看老乡"，中国要实现共同富裕，重点、难点以及关键都是在农业农村和农民。中国进入新的发展阶段，社会的主要矛盾已经逐步转变为人民日益增长的美好生活需要和不平衡不充分的发展之间的矛盾。要实现农业高质量发展，需要坚持走出一条绿色化、可持续发展之路，加速农业从满足人民温饱需求向满足人民多样化营养需求转变，需要加速农业绿色发展。农业的绿色发展是探索出一条在环境、资源以及生态安全的要求下，满足人民日益增长的营养需求目标的农业可持续发展之路。绿色是农业发展的重要底色，也是农业生态振兴的本质要求，加快农业绿色发展是贯彻习近平生态文明思想的实践体现，是全面推进乡村振兴的必然抉择，应构建低碳、绿色的农业产

业体系，强化农业减碳固碳，让绿水青山成为发展的重要底色，为实现美丽中国提供重要支撑。

为实现农业绿色，我国政府已经实施了一系列政策措施，并取得了显著的成效。"十三五"以来，建立了农业绿色发展支撑体系。《中国农业绿色发展报告 2020》指出，2012~2019 年，中国的农业绿色发展指数得到了显著提升，从 73.46 上升为 77.14，上升了约 5 个百分点，2019 年，全国绿色食品产地检测面积达到 2.08 亿亩，全国耕地质量等级为 4.76 等，较 2014 年提升了 0.35 个等级。全国的三大作物（水稻、玉米、小麦）化肥利用率和农药利用率在 2020 年分别达到了 40.2% 和 40.6%，与 2015 年相比，化肥利用率提高了 5%，农药利用率提高了 4%；到 2020 年，秸秆综合利用率和畜禽粪污综合利用率分别超过了 85% 和 75%。

农业的绿色化发展经历了快速增长期、增速趋缓期、阶段调整期和拐点下降期四个阶段。以农药使用量为例（如图 8-1 所示），1991~1999 年为快速增长期，这个时期，农药使用量从 76.53 万吨增长到 132.16 万吨。从 2000~2005 年，农药使用量增速逐步趋缓，甚至在 2000 年下降到 127.48 万吨。2006~2012 年是农药阶段调整期，这个阶段中国已经开始实施绿色发展战略，对于农业结构调整及其他方面已有所涉及，到 2012 年党的十八大以后，农药使用量达到最大值 180.77 万吨后开始下降。

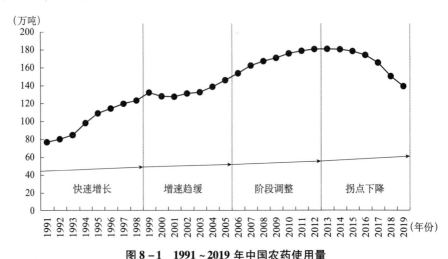

图 8-1 1991~2019 年中国农药使用量

资料来源：1991~2019 年《中国统计年鉴》。

农业新业态迸发为农业绿色化发展插上了翅膀。近年来，农业生产方式发生了巨大的转变，农业绿色化也由种植业、养殖业、渔业等向物流业不断延伸，绿色农业的范围越来越广。此外，电商、物联网、智慧农业等新模式、新业态的不断涌现，为农业绿色化发展提供了重要契机。但同时应该看到，农业绿色化发展还存在部分难题，具体表现在资源环境约束趋紧，特别是在需求持续增长的背景下，农业资源供应紧张的局面还未得到根本性缓解；食物供给结构与居民营养需求之间存在着矛盾，普通农产品供给过量，而优质农产品供给严重不足，供需之间不匹配问题严重；农业支撑技术与农业绿色发展所需之间的不匹配问题突出，涉及农业投入品减量化利用、有害生物绿色防控、废弃物资源化利用等方面，还需要快速突破。

二、农业减碳增汇将是碳中和的重要组成部分

农业减碳增汇是实现碳中和的重要组成部分，农业是经济实现高质量发展的基础产业，实现碳中和对于农业本身来说也有着十分积极的意义。从全球来看，农业是受到气候变化冲击最敏感的产业之一，气候变化会导致中国的农业变得更加脆弱，在2℃温升情景下，空间上的增温中以东北、西北和青藏高原最为显著，降水增加则是以东北、华北、华南和青藏高原最为显著。气候变化对于农业的不利影响主要体现在以下两个方面：一方面是由于气候变化引起的降水时空差异，加剧水资源的不均匀分布，导致洪涝和干旱频发，部分农区的水资源出现匮乏的现象；另一方面，极端农业灾害时间会随着气候变化而增加发生频次，降低粮食作物产量，此外，由于气候变化也会导致农业脆弱性增加。

除二氧化碳（CO_2）外，农业是非二氧化碳温室气体甲烷（CH_4）和氧化亚氮（N_2O）等的主要排放源。农业生产中碳排放的主要来源为大量使用化肥、农药、农膜等生产资料在生产过程中会产生温室气体，畜禽养殖过程中的饲料生产、养殖场日常水电等消耗也会产生碳排放。农业甲烷主要是在稻田长期处于水淹条件下有机质分解、动物反刍发酵、畜禽粪便贮存和处理、秸秆不完全焚烧的过程中产生；农业氧化亚氮主要是硝化和反硝

化作用过程的中间产物,包括稻田、粪便管理、秸秆焚烧等。2000~2020年,全国农业种植业产生的碳排放呈现先增加后减少的趋势,如图8-2所示。2000~2015年,碳排放量从7 570.87万吨增加到10 974.21万吨,增长了约44.95%。2016~2020年是下降期,碳排放量从10 902.46万吨减少至9 821.54万吨,下降了约9.91%,原因在于化肥、农药、农膜等农用物资使用量的减少,2016年化肥使用量比2015年减少662.96万吨。从结构上看,化肥、灌溉是碳源的主要贡献者,其中化肥对碳源的贡献最大,最高峰时高达49.50%,化肥使用强度的增长是我国化肥施用总量增长的重要原因。此外,由于种植结构调整和市场经济的导向作用,蔬菜、瓜果等作物使用的土地面积增加,对化肥的需求量加大,反映出农业对化肥的依赖程度较高。排放源占比上升的有农膜和柴油两种,但占的比重较小,2020年占比分别为12.60%和11.16%,其他排放源皆表现为下降趋势,从降低总排放源的角度看,化肥作为主要排放源具有较大的减排空间。

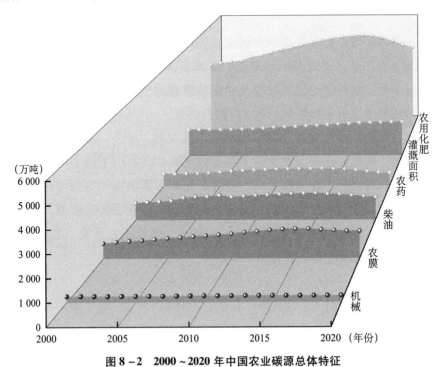

图8-2 2000~2020年中国农业碳源总体特征

资料来源:笔者自绘。

2000～2020 年，四川省农业碳排放量先增加后减少（如图 8 - 3 所示），在 2016 年达到峰值。其中 2000～2016 年总体上为上升阶段，农业碳排放量从 357.44 万吨增加到 439.78 万吨，增加了约 23.04%，年均增长率为 1.23%；2016～2020 年为下降阶段，农业碳排放量从 439.78 万吨减少到 395.86 万吨，下降了约 9.99%。从构成上看，首先，农业要素投入所产生的碳排放量是主要来源，农业机械所产生的碳排放量较少，2020 年两者占比分别为 95.69% 和 4.31%。并且农业化肥是农业碳排放的主要排放源；2000 年化肥施用量所产生的碳排放量为 190.4 万吨，占总排放量的 53.27%；2020 年化肥施用量所产生的碳排放量为 188.79 万吨，占排放量的 47.69%。其次，农业灌溉面积是四川省的另一大农业排放源，2000 年灌溉面积为 2 469.01 千公顷，2020 年为 2 992.2 千公顷，所产生的农业碳排放量从 65.79 万吨增加到 79.74 万吨，增加了约 21.20%。可见，控制农业投入要素的增加，尤其是农业化肥施用量，提高农业生产资料回收利用强度，根据区域水资源状况及土壤条件，规模化采用滴灌、微喷灌等节水灌溉方式对四川省农业减排具有重要意义。

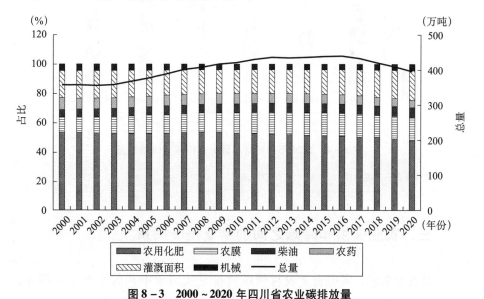

图 8 - 3 2000～2020 年四川省农业碳排放量

资料来源：笔者自绘。

虽然四川省农业排放总量有所上升，但占全国碳排放量总量的比例减少。2020 年四川省农业碳排放量占全国总量的 4.03%，相较于 2000 年占全国总量的 4.72% 略有下降。与四川农业碳排放量相近的省份有内蒙古、广东、广西、云南、陕西，其排放量分别为 393.84 万吨、365.93 万吨、368.01 万吨、344 万吨、308.15 万吨（如图 8 – 4 所示）。其中云南、陕西与四川接壤。其他与四川接壤的省份如青海、甘肃、重庆、贵州、西藏的农业碳排放与四川差别较大，分别为 20.08 万吨、235.08 万吨、147.08 万吨、145.19 万吨、15.06 万吨。从年均农业碳排放量来看，2020 年四川碳排放量低于年均碳排放量，其他与四川农业碳排放量相近的省份均高于年均碳排放量，不同省份的地域地理条件与经济结构存在差别，其农业碳减排效果存在明显差异。

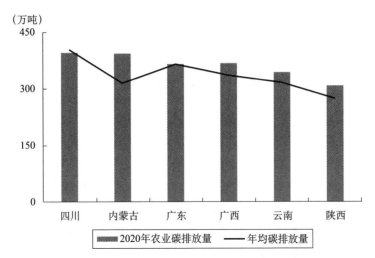

图 8 – 4　2020 年四川省与部分省份农业碳排放量

资料来源：笔者自绘。

三、农业保供和降碳之间的辩证统一关系

对农业来说，实现农业农村领域减排是我国碳中和的重要组成部分，但是农业作为重要的基础产业，承担着增产增收的重要使命，因此，既要做到增产增收，又要做到减量减排，实现两者之间的平衡。农业减碳需要避免运动式"减碳"，实现保供和降碳协同推进，在碳中和背景下，农业发

展机遇和挑战并存。从农业保供来看，人民对于粮食和肉蛋奶产品需求刚性呈现增长趋势，农业发展的首要任务是保障国民粮食安全和重要农产品供给，而碳中和主要是针对二氧化碳，农业排放的温室气体主要是甲烷与氧化亚氮，为此，对农业整体约束比较小。但同时需要注意，农业不仅是温室气体的来源，而且也是碳汇的重要贡献者，农业的减污降碳中仍然有很多潜力可挖，如畜禽污染的资源化利用等。农业生态系统中农田、森林、草地和湿地具有很强的固碳功能。美国国家环保局数据指出，1961 年中国农业碳排放总量为 2.49 亿吨，2018 年为 8.7 亿吨，[①] 在 1979 年能源消耗进入统计之前，种植业（主要包括水稻种植、化肥、土壤培肥、作物残茬等）、养殖业（主要包括肠道发酵、粪便管理、牧场粪便残留）基本各占"半壁江山"，种植业略高于养殖业；近年来，随着能源占比的不断上升，逐步发展为种植、养殖、能源消耗"三分天下"。细分来看，能源消耗、化肥、动物肠道发酵、水稻种植是四个主要来源，2018 年占据总排放量的 76.9%。

从省域层面来看（如图 8-5 所示），2000~2020 年农业种植业碳排放量最少的是西藏，最多的依次是山东、河南、河北、江苏、安徽、湖北，以华东地区和华中地区为代表，江苏的碳排放量是西藏的 68.56 倍。增幅上有 6 个省份出现负增长，分别为北京、上海、天津、山东、江苏、河北，皆是东部省份，北京降幅高达 61.78%。增幅最高的省份是新疆，有 4 个省份在 100% 以上，依次是新疆（138%）、内蒙古（118.55%）、西藏（104.53%）、黑龙江（101.35%），增长量最多的依次是新疆、河南、黑龙江、内蒙古、吉林。新疆作为一个非粮食主产区的省份，2000~2020 年碳排放居第八名，原因在于农用物资明显呈增长趋势，其中农用化肥量增长了 2.13 倍，农膜使用量增加了 1.94 倍，柴油使用量增加了 1.15 倍，因此，新疆需根据实际合理需求调整农业产业结构，推广技术应用，加强农业绿色化和农村生态化建设。而作为粮食主产区的辽宁、吉林、内蒙古、江西的总体排放量并不在前列，这得益于农业投入要素增加量的有效控制与农业生产资料回收利用强度的提高。排放源上，2020 年以化肥为主要排放源

---

① 实现碳中和四川应更重视农业的作用，http://nynct. sc. gov. cn/nynct/c110427/2021/8/20/20b1fbeb19a84e52a4b2e6574e11367f. shtml。

的有 26 个省份，特殊的上海、甘肃以农膜为主要排放源，浙江以柴油为主要排放源，西藏、青海以灌溉为主要排放源，按照碳排放源将省份进行划分，对提出针对性对策达到固碳减排有重要意义。

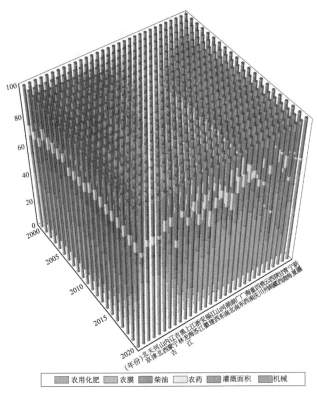

图 8 - 5　2000 ~ 2020 年中国农业碳源省域分布

第二节　减碳增汇将是农业助力
碳中和的关键着力点

一、农业土壤碳库将成为提升固碳能力的重要手段

土壤碳汇是降碳、实现碳中和的重要途径。从全球的循环系统来看，土壤碳库是森林和其他碳库系统的 5 倍，是大气系统碳库的 3 倍，土壤碳

库中的碳60%以上是以有机质的形式存在。人为扰动对于农业土壤有机碳库的影响最大，并且可以在短时间内进行调节，为此，土壤碳库的有机质含量以及固碳能力是减缓气候变化和固碳减排的重要依据。一方面，提高土壤有机碳水平，增加农田土壤的有机碳固定，对于减缓大气 CO_2 浓度升高和气候变化具有重要的意义。另一方面，提高农田土壤有机碳水平，对于土壤肥力的提升具有明显的促进作用，不仅能有效改善土壤的物理结构和持水性能，也能显著增强养分的供应能力，从而促进作物的高产稳产。因此，农田土壤固碳不仅在温室气体的动态变化中扮演着重要角色，而且是提升土壤肥力、保障和实现农田持续稳定生产能力的关键所在。联合国粮农组织发布的《2021年世界粮食和农业领域土地及水资源状况》报告显示，实现土壤、水和土地资源的管理，能够有效提高农业系统韧性，实现气候变化减缓，仅对土壤加以合理利用，就足以减少农地温室气体的1/3。2019年，全球农业食品系统承担了温室气体二氧化碳当量的31%，约为165亿吨，农作物、畜牧和农场能源占44%，土地利用变化占21%。2000～2020年，全国净碳汇总体呈现稳步增长趋势（如图8-6所示），从2020年的48 809.64万吨增长到2020年的76 620.6万吨，增长了约56.98%，年均增长2.17%，全国农业碳汇量始终大于碳排放量。在2003年、2009年、2016年碳汇的变化幅度分别为-4.90%、-1.26%、-3.54%，碳源的变化幅度分别为1.64%、2.87%、-0.65%，故净碳汇在此期间出现回落，碳汇的增长是净碳汇增长的主要动力。2017～2020年，碳汇增速大于碳源增速（碳源逐年下降），加上农业科学技术的应用与农户环保意识的提高，碳汇仍将有较大的发展潜力，故净碳汇还会在未来一段时间内继续提高。

四川省碳汇总量整体上呈现增加趋势（如图8-7所示）。从2000年的3 302.84万吨增加到2020年的3 832.13万吨，增长了约16.03%，年均增长率为0.71%。但在2001年、2003年、2006年出现下降情形，同比下降幅度分别为11.67%、1.14%、8.54%，原因在于2006年四川省遭受百年一遇的干旱，农作物产量下降，如2006年稻谷产量下降了约11.28%，玉米产量下降了约11.98%，花生产量下降了约24.04%，棉花产量下降了约36.37%。从构成上看，稻谷是农业碳汇的第一大贡献者，2000年玉米碳汇

总量占比为 40.06%，2020 年占比为 31.17%。占比增长最多的是玉米，从
2000 年的 16.98% 增加到 2020 年的 28.47%。占比下降最多的是小麦，从
2000 年的 17.19% 减少到 2020 年的 6.87%。碳汇的第二大贡献者也从小麦
变成玉米，原因在于四川省积极进行种植业结构的探索和改变，加大农业
供给侧结构性改革力度，稳定主粮面积，调减弱势粮食作物面积，粮食品
种结构不断优化。小麦占总产量比重下降，2020 年占粮食作物比重为 7%，
玉米产量占总产量比重逐年提高，2020 年占粮食作物比重为 30.2%。根据
不同作物的固碳水平调整农业产业结构，对实现"双碳"目标具有参考
意义。

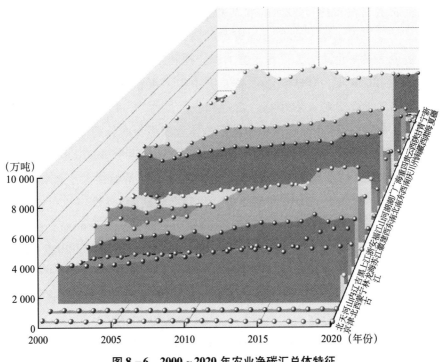

图 8 - 6   2000 ~ 2020 年农业净碳汇总体特征

2000 ~ 2020 年，四川省农业碳汇量增加了 529.29 万吨，但占全国农业
碳汇总量的比例从 2000 年的 5.86% 下降到 2020 年的 4.43%。与四川省农
业碳汇量相近的省份有吉林、江苏、安徽、云南，其农业碳汇量分别为
3 853.88 万吨、4 022.19 万吨、4 281.43 万吨、3 517.90 万吨，仅云南省与
四川省接壤（如图 8 - 8 所示）。2020 年五个省份农业碳汇量均高于年均碳

汇量。各个省份主要农业碳汇量来源各不相同，其中吉林省农业碳汇量主要来源为玉米，占全省农业碳汇量的比例达到了 79.04%；稻谷和小麦是安徽与江苏省农业碳汇量的主要来源；糖料作物是云南省农业碳汇量的最大贡献者。

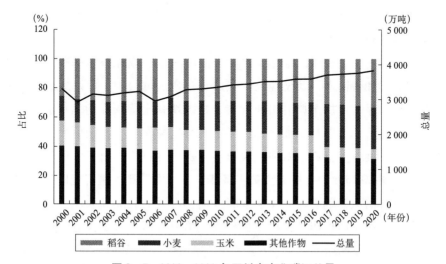

图 8 - 7　2000~2020 年四川省农业碳汇总量

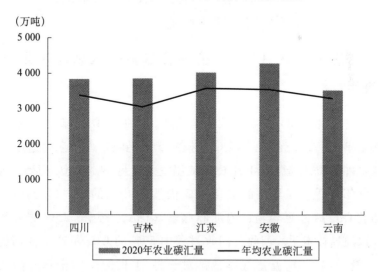

图 8 - 8　四川省与部分省份农业碳汇量

农业土壤中有机碳的含量与土壤肥力以及作物产量是紧密联系的。20世纪以来，由于农药、化肥等过量使用，致使农田土壤严重退化，板结、酸化、盐渍化等问题突出。土壤污染成为一大难题，自 21 世纪以来，全球工业化学品产量已经翻了一番，达到 23 亿吨，并且预计到 2030 年还将增长 85%。土壤盐碱化已经波及全球 1.6 亿公顷的耕地，每年有 150 万公顷土地因盐碱化而丧失生产力。自工业革命以来，全球农田已经流失大约 1 350 亿吨土壤。聚焦土壤碳库巨大的减排增汇效益，利用市场手段发掘，对于实现碳中和具有重要意义。

针对农业土壤碳库，需要深化对于土壤碳库机理和技术的攻关，减少碳损失，增加碳输入，以改善土壤碳库。在增汇过程中，可以通过增加有机肥施用以显著增加土壤有机质含量，显著增强土壤碳库的储存能力，施用有机肥之后作物根系更加发达，可以在微生物作用下固定更多大气中的碳，并且土壤整体稳定性增强。大力推广保护性耕作，由于农业耕作，农田土壤表层 20 厘米的有机碳含量明显减少，从而导致土壤有机碳库明显下降，从常规的深耕做法转向免耕或者少耕，可以显著提高表层土壤的有机碳含量。开展作物轮作与种植覆盖作物，单一种植方式的农业生产系统产出较少，需要不断增加化肥、农药等化学品的投入，导致土壤中生物消亡，土壤碳库损失加剧。而实现轮作的方式，不仅可以增加碳库，而且可以增加细菌和真菌，增加土壤微生物和土壤碳。

二、农业甲烷（CH_4）空间合作减排机制是农业减碳的有力推手

CH_4 是仅次于 CO_2 的第二大温室气体。加强 CH_4 减排已经成为 21 世纪的必要事项，2020 年，全球 CH_4 排放 5.7 亿吨，人类活动造成 CH_4 排放 3.4 亿吨，IPCC 指出，1 吨 CH_4 的温室效应与 84 吨 CO_2 相当，即便是过了 100 年之后，其具备的暖化效应仍然是 CO_2 的 28 倍。同时，由于 CH_4 相较 CO_2 减排更容易，国际能源署（IEA）指出，75% 的人类排放 CH_4 可以通过技术手段回收，回收过程中 50% 的 CH_4 不产生任何的经济成本，CH_4 等非 CO_2 温室气体减排对于将 21 世纪末的全球升温控制在 1.5 摄氏度以下必不可少。

为减少 CH_4 排放，需要开展空间合作，探索农业 CH_4 减排时空消纳机制。破除行政边界，构筑空间关联网络，实现要素（人力、资本等）在空

间上的自由流动。构建时空消纳利益保障与激励政策支撑体系。首先，要明晰农业发展的空间约束特质，特别是自然禀赋之间的差异，从国家层面采取法律、经济、社会层面的工具，为农业跨区域绿色发展协调机制提供制度保障，进而形成全国层面的跨区域合作平台。与全国碳市场发展一致，CH_4 减排也需要构筑平台，在农业 CH_4 减排上减少区域之间的差异性，通过设置区域农业 CH_4 减排基金等，形成区域之间合作交流的平台。其次，强化农业绿色低碳技术的研发。CH_4 是可以通过回收进一步实现利用的，农业科技投入对三个粮食功能区农业 CH_4 的空间布局都具有显著的影响，因此，提升农业科技研发投入是较为有效的措施。再次，形成中国独特的高值农业与低碳农业发展格局。投入中，突出有为政府与有效市场的作用，引导社会资本进入基础研发，建立育、繁、推一体化引导机制；产出中，激发多种农业经营主体参与积极性，结合大数据、智慧农业等关键技术，形成绿色发展新格局。最后，形成分时、分地、分类的农业 CH_4 减排机制。对于粮食主产区和平衡区，注重对于产业结构的优化，特别是在保障粮食安全的前提下，推动产业结构向绿色化转型。产业结构的调整注重空间布局、产品结构以及产业链升级等方面。空间布局主要突出地方特色，做好空间布局优化，产品结构兼顾品种改良与品质提升，做好区域品质农产品提升，破解"优质不优价"的难题，产业链条升级实现纵向延伸，推进种养＋、种渔＋、生态循环农业发展，实现一二三产业融合发展。对于粮食主销区，发挥在农业绿色转型引领功能，从绿色农产品居民意识等方面着手，带动整个农业产业链条的改善与提升。

　　2019 年，四川省农业 CH_4 排放量为 123.41 万吨，低于年均 CH_4 排放量，说明四川省近年来农业 CH_4 减排取得一定成效（如图 8-9 所示）。与四川省排放量相近的省份有内蒙古、江西、湖南、云南。其中湖南省排放最高为 151.69 万吨，云南、内蒙古 2019 年排放量高于年均 CH_4 排放量，其农业 CH_4 减排压力较大。四川和内蒙古农业 CH_4 排放源以畜禽肠道发酵为主，2019 年四川畜禽肠道发酵量为 77.40 万吨，内蒙古排放量为 102.21 万吨，占比高达 92.27%；江西和湖南农业 CH_4 排放以稻田排放为主，江西占比 73.79%，湖南占比 63.26%；畜禽肠道发酵是云南农业 CH_4 排放量的第一来源，占比 72.77%。根据不同省份农业 CH_4 排放源调整养殖业结构是农

业 CH_4 减排的主要手段。

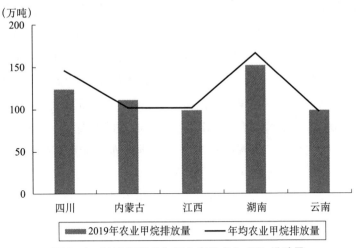

图 8 – 9   2019 四川省与部分省份农业 CH_4 排放量

三、农业科技支撑将强化农业助力碳中和能力

碳中和需要强化农业科技支撑。目前，碳中和主要有科技手段、市场手段和生态手段。科技手段主要通过"碳捕捉"技术，将生产活动中产生的 CO_2 收集起来，采取多样化方式储存，避免将其排放到空气中。市场手段通过碳交易将碳排放权作为交易商品纳入市场的供需机制，通过交易碳排放权实现资源的优化配置。生态手段一方面通过风能、太阳能、生物质能等清洁能源，降低或者避免 CO_2 排放到空气中；另一方面对农业种植以及林业绿化来实现固碳。由此可以发现，科技手段和生态手段与农业发展紧密联系。

科技创新正在为农业发展插上"智慧"翅膀。从全球农业发展的历程来看，农业竞争力不强，很大程度是由于缺乏关键核心技术，必须要精准把握农业科技发展方向，全面提升农业科技创新能力。聚焦助力碳中和，需要明确关键核心技术包括哪些，具体来看，需要重点围绕农业节水灌溉技术、土壤质量提升技术、循环农业关键技术等。科技支撑，特别是技术融合已经成为激发农业科技创新活力的动力源泉，是农业科技发展的主攻方向，应加速推进农业技术与现代信息技术、新材料技术、新能源技术等的创新，让智慧农业技术、数字农业技术等成为助力碳中和的重要手段。

第三节 农村生态价值转换与农民增收

一、生态价值转换中生态产业化的螺旋式攀升

"绿水青山就是金山银山"是发展中的"舟水关系"。生态兴则文明兴，生态振兴是当代人不懈努力的目标，却是利在千秋的事业。在实现碳中和的道路上，必须将生态振兴摆在首位。从村容整洁到生态宜居，乡村振兴战略对农村发展环境的要求更高、涉及面更广，统筹做好山水林田湖草沙生态振兴，需要做好各个部分的"分解动作"，捍卫"舌尖上的安全"，统筹治理与生态产业化之间的关系，做好加减法。生态振兴一方面需要树立大局观、长远观，另一方面需要加速生态产业的发展，如果在发展中仅守着"绿水青山"，不善利用，也不能换来"金山银山"，为此，乡村生态振兴需要增加生态产品和服务供给，满足人民日益增长的美好生态环境需要，推动农业朝着旅游、康养、休闲等多样化业态转变。

生态是生产过程中的重要资源，生态就是生产力。因此，在生产过程中，将生态优势转变成经济发展的优势成为必然。生态振兴是生态产业化的基础与前提，而生态产业化发展又为生态振兴提供了动力，两者之间互为因果，循环促进，形成了螺旋式攀升的互动促进关系。生态产业化是以生态资本作为逻辑起点，以市场化运营和社会化生产方式，实现生态产品与服务的经济价值。生态产业化过程中需要处理好"投入"与"产出"间的关系，投入就是对自然资源的保护，也就是对于生态环境的管控，产出则包括直接和间接两个部分：直接产出是指自然资源的资产化，通过构建生态产品价值评估体系，实现绿水青山与金山银山之间的转化；间接产出是指以良好的生态环境带动其他产业发展，让优良的生态环境成为生产要素，投入高质量发展过程中。

生态振兴与生态产业化需实现资源利用效率从单要素向多要素跃迁。

资源保障是涉及乡村振兴全链条的保障，资源保障涉及资源项内容多样，包括劳动力、资本、水、土地等核心要素项，更包括技术、虚拟水、虚拟土、隐含碳等资源。资源利用效率提升需要从单要素向多要素跃进，分区（产业区、生态区）、分类（特色型、推进型）、分点（集中突破点、暂缓推进点）推进，着力提升山水林田湖草全要素利用效率。

二、生态价值转换与农民增收的同频共振

产业富民是资源利用与城乡融合的目的，资源利用与城乡融合最终是为了实现产业富民。产业兴旺的目的也是实现产业富民，无论是对农村一二三产业的融合发展，还是实现产业生态化与生态产业化发展路径，都是在不断探寻乡村产业富民的道路，通过调整产业结构，实现高质量发展。推进共同富裕是破解新时代社会主义主要矛盾的抓手。农民的收入主要包括工资性收入、经营性收入、财产性收入等，从 2015 年开始，工资性收入已经超过经营性收入，成为农民收入的第一大来源，但是这种工资性收入是农民离开农业，从事非农业打工收入，为此，生态产业化通过将本底资源资本化，能够有效吸收当地的劳动力参与生态产业的发展，从而增加农民的工资性收入。

第九章 产业生态化与农业甲烷（CH$_4$）排放

第一节 问题的提出

气候变化已经成为全球可持续发展的最大威胁。《巴黎协定》规定，缔约国应将全球平均气温控制在工业革命前高出 2 摄氏度，并努力限制在 1.5 摄氏度，1.5 摄氏度和 2 摄氏度的"气候临界点"是灾难性气候事件发生的关键时间点，更是关系人类生存威胁的临界点，临界点一旦超过，可能会产生连锁反应（邓祥征等，2018）。此外，气候变化导致全球极端气候频频发生给人类带来了重大的经济社会损失（巢清尘，2021）。如何减缓与适应气候变化，已经成为全球各国需要面临的重大议题。碳达峰、碳中和是中国应对全球气候变化庄严承诺，更是对社会经济发展方式变革的重大宣言。2030 年前实现碳达峰，力争 2060 年实现碳中和是中国实现高质量增长应有之义，更是需要不同行业发生重大调整的变革需求（潘家华，2021）。

农业作为 CH$_4$ 排放的主要排放源，厘清时空格局及影响因素具有重要意义。农业 CH$_4$ 排放量约占全球总排放量的 1/5，其排放的主要来源是种植业以及畜牧业，种植业主要是水稻种植产生的排放，而养殖业主要是畜禽肠道发酵和粪便管理产生的碳排放（杨啸，2021）。中国作为农业大国，农业活动产生的 CH$_4$ 排放占全国的 50.15%。农业 CH$_4$ 排放格局和影

响因素已经成为学术研究的热点，张学智（2021）估算中国各区域 CH_4
排放量后指出，2018 年农业互动 CH_4 总排放量为 1 821.67 万吨，其中畜
禽肠道发酵排放量最大，占 50.69%，水稻占 35.17%，畜禽管理排放占
14.14%。李阳（2021）测算了 CH_4 和氧化亚氮（N_2O）排放量指出，
1980~2018 年，由农业产生的排放量由 $0.56 \times 10^9 CO_2 - eq$ 上升至 $0.73 \times$
$10^9 CO_2 - eq$，其影响因素主要是效率因素、结构因素和人口规模因素。此
外，学者研究（姚文捷，2020；任肇雯，2019；张景鸣，2017；王兵，
2018）聚焦省域层面，对江西省、广东省、黑龙江省等多个省份的变化
进行了测算，为研究农业 CH_4 排放提供了翔实的研究基础，但是目前基
于国家层面的测算相对较少，缺乏对于粮食主产区、主销区和平衡区差异
比较研究，相关影响因素有待进一步明晰。本书利用 IPCC 方法以及《省
级温室气体清单指南》测算方法，对全国的 CH_4 排放时空格局进行分析，
并采用地理探测器的分析方法，测算了其影响因素，从而提出减排对策建
议，为全国 CH_4 减排提供一定的参考。

第二节　研究方法与数据来源

一、农业 CH_4 排放测度方法

全国农业系统 CH_4 排放量主要来自稻田的排放与养殖业畜禽粪便管理和
肠道发酵产生的排放（张学智，2021），各项 CH_4 排放因子分别如表 9-1~
表 9-3 所示。其中稻田产生的 CH_4 排放总体上遵循 IPCC 指南确定的基本方
法和要求，计算公式为：

$$E_{CH_4水稻} = \sum EF_i \times AD_i \qquad (9.1)$$

其中，$E_{CH_4水稻}$ 为稻田产生的 CH_4 排放量，单位为万吨；EF_i 为分类型稻田
CH_4 排放因子，单位为 kg/hm^2；AD_i 为该类型 CH_4 排放因子的播种面积，
单位为千平方公顷。

表 9-1			稻田 CH₄ 排放因子			单位：kg/hm²
稻田	华北	华东	中南	西南	东北	西北
单季稻	234.0	215.5	236.7	156.2	168.0	231.2
双季早稻	—	211.4	241.0	156.2	—	—
双季晚稻	—	224.0	273.2	171.7	—	—

养殖业畜禽粪便管理所产生的 CH₄ 计算公式为：

$$E_{CH_4,manure,i} = EF_{CH_4,manure,i} \times AP_i \times 10^{-7} \tag{9.2}$$

其中，$E_{CH_4,manure,i}$ 为第 i 种动物粪便管理产生的 CH₄ 量，单位为万吨；$EF_{CH_4,manure,i}$ 为第 i 种动物粪便管理 CH₄ 排放因子；AP_i 为第 i 种动物的数量。

表 9-2			粪便管理 CH₄ 排放因子			
	华北	东北	华东	中南	西南	西北
奶牛（头）	7.46	2.23	8.33	8.45	6.51	5.93
非奶牛（头）	2.82	1.02	3.31	4.72	3.21	1.86
绵羊（只）	0.15	0.15	0.26	0.34	0.48	0.28
山羊（只）	0.17	0.16	0.28	0.31	0.53	0.32
猪（头）	3.12	1.12	5.08	5.85	4.18	1.38
家禽（只）	0.01	0.01	0.02	0.02	0.02	0.01
马（匹）	1.09	1.09	1.64	1.64	1.64	1.09
驴/骡（头）	0.60	0.60	0.90	0.90	0.90	0.60
骆驼（头）	1.28	1.28	1.92	1.92	1.92	1.28

养殖业畜禽肠道发酵产生的 CH₄ 计算公式为：

$$E_{CH_4,enteric,i} = \sum EF_{CH_4,enteric,i,j} \times AP_i \times R_j \times 10^{-7} \tag{9.3}$$

其中，$E_{CH_4,enteric,i}$ 为第 i 种动物肠道发酵产生的 CH₄ 量，单位为万吨；$EF_{CH_4,enteric,i,j}$ 为第 i 种畜禽肠道发酵 CH₄ 排放因子；AP_i 为第 i 种动物的数量；R_j 是该种畜禽的饲养比例方式。

表 9-3			肠道发酵 CH₄ 排放因子				
饲养方式	奶牛（头）	非奶牛（头）	羊（只）	猪（只）	马（匹）	驴（头）	骡（头）	骆驼（头）
规模化饲养	88.1	52.9	8.9	1	18	10	10	46
农户散养	89.3	67.9	9.4	1	18	10	10	46

二、核密度函数

由于核密度函数具有对概率密度的非参数估计能力，可以用来衡量随机变量分布形态，其表达式为：

$$f(x) = \frac{1}{nh}\sum_{i=1}^{n}K\left(\frac{x-x_i}{h}\right) \qquad (9.4)$$

其中，n 为样本观测值数量，h 为带宽，依据相关文献，$h = 0.9SN^{4/5}$（N 为样本数量，S 为样本标准差）。$K\left(\frac{x-x_i}{h}\right)$ 为核密度函数，采用 Espanechnikov 核密度形式。通过核密度函数的分布区间、样态以及峰度延展等相关信息反应甲烷排放分区动态演变。如果函数整体呈现出"单峰"，那么不存在多重均衡状态；如果函数出现"双峰"或者"多峰"状态，那么存在两个或者多个均衡点。

三、地理探测器

为了深入探析农业 CH_4 排放区域差异的成因，本章采用了地理探测器分析方法。地理探测器既可以检验单个变量的空间分异状态，又可以挖掘空间分异的影响因素，阐释影响因素的决定性作用，为空间差异的探寻提供全景式展示。本章采用因子探测法，通过决定力指标 q 来判断农业 CH_4 排放空间分异的根本动因，其中，Y 表示农业 CH_4 排放量，$X = \{X_m\}$ 表示影响因素，m = 1，2，…，L；L 表示因子 X 的分区数，X_m 表示因子 X 的不同分区，因子 X 对 Y 的决定力 q 表达式如下：

$$q = 1 - \frac{\sum_{m}^{L}N_m\sigma_m^2}{N\sigma^2} = 1 - \frac{SSW}{SST} \qquad (9.5)$$

$$SSW = \sum_{m}^{L}N_m\sigma_m^2; \quad SST = N\sigma^2 \qquad (9.6)$$

其中，N 表示研究区内省份数量，N_m 表示因子 X 第 m 个分区包含的省份数量，σ^2 表示区域 Y 的方差，σ_m^2 表示驱动因子 X 在 m 子区域的方差，SSW 与 SST 分别表示各粮食功能区的方差之和与全区域的总方差。一般来

说，因子 X 的 q 值越大，因子对空间分析的驱动力越强。当驱动因子 X
与 Y 之间具有驱动作用时，区域内部的方差之和通常会小于区域之间的
方差之和。为比较不同粮食功能区的累积方差与整个区域之间的整体方差
是否显著不同，本章引入了 F 统计量检验。

四、数据来源

本章稻田播种面积、畜禽量、饲养比例来源于 2000～2019 年的《中国
统计年鉴》、中国国家粮食局、《中国农业年鉴》《中国畜禽兽医年鉴》，不
同区域稻田 CH₄ 排放因子、不同区域畜禽粪便管理排放因子和不同饲养方
式下畜禽肠道 CH₄ 排放因子均来源于《省级温室气体清理编制指南》（国家
发展改革委，2011 年），部分缺失数据采取线性插值方法补齐。

第三节　农业 CH₄ 排放时序分析

一、农业 CH₄ 排放时间演变趋势

农业 CH₄ 排放呈现出先增加后降低的趋势。2000～2019 年，农业 CH₄
排放从 2 145.87 万吨下降到 1 768.64 万吨，年均下降 0.88%，中国农业绿
色化发展水平显著提升，2000～2005 年，农业 CH₄ 排放量持续增加，2006
年出现显著下降，2006～2015 年处于缓慢变动时期，CH₄ 排放略有上升，
从 2015 年开始，CH₄ 排放量出现了明显下降。从演化历程可以看出，2004
年中央一号文件《关于促进农民增收若干政策的意见》是时隔 18 年之后中
央一号文件的主体再次回到"三农"领域，文件中提出了对种粮农民的直
接补贴、良种补贴和农机补贴"三项补贴"，降低农业税负等措施，有效地
提升了农民种粮的积极性，绿色化发展水平在 2006 年得到了明显的提升。
到 2015 年，面临着农业发展面临价格"天花板"封顶、生产成本"地板"
抬升、资源环境"硬约束"挑战加剧等新的问题，国务院办公厅出台了

《关于加快转变农业发展方式的意见》，为促进数量、质量和效益并重的农业发展提供了重要抓手，在文件指引下，农业结构性调整引致了 CH_4 排放的进一步下降。从 CH_4 排放来源看，2000～2019 年，稻田排放从 651.13 万吨下降到 628.59 万吨，畜禽粪便排放从 271.74 万吨下降到 187.53 万吨，畜禽肠道排放从 1 222.99 万吨下降到 952.52 万吨，分别下降了 3.5%、30.99% 和 22.12%，畜禽肠道排放下降对于农业 CH_4 减排起到了至关重要的作用。

二、农业 CH_4 排放空间演化格局

考虑到中国不同区域的农业发展之间的差异性，从空间区域对此进行分析更加具有针对性，依托农业粮食功能区的分类，将全国划分为粮食主产区、主销区和平衡区，如图 9-1 所示。

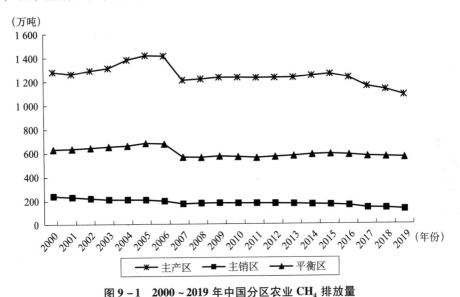

图 9-1 2000～2019 年中国分区农业 CH_4 排放量

农业 CH_4 排放在主产区、主销区和平衡区均呈现下降趋势，然而其变化又各具特点。粮食主产区是农业 CH_4 排放最高的区域，2000～2019 年，主产区的 CH_4 排放量下降最大，从 1 279.45 万吨下降到 1 084.06 万吨，平衡区的 CH_4 排放量从 629 万吨下降到 559.9 万吨，主销区的 CH_4 排放量从

237.42 万吨下降到 124.71 万吨，主产区和主销区 CH$_4$ 排放的下降是整体 CH$_4$ 排放下降的主要原因。2000～2019 年粮食主产区、主销区、平衡区 CH$_4$ 排放如表 9－4 所示。

表 9－4　　　　2000～2019 年粮食主产区、主销区、平衡区 CH$_4$ 排放　　单位：万吨

年份	主产区			主销区			平衡区		
	稻田排放	粪便管理排放	肠道发酵排放	稻田排放	粪便管理排放	肠道发酵排放	稻田排放	粪便管理排放	肠道发酵排放
2000	405.07	169.03	705.34	139.3	34.24	63.88	106.76	68.47	453.77
2001	386.55	168.10	706.74	128.02	33.51	66.76	109.88	67.98	455.05
2002	383.18	173.43	733.65	117.7	33.37	66.77	108.76	68.05	465.01
2003	359.95	178.72	772.26	108.34	32.85	66.69	105.67	66.93	478.22
2004	396.52	186.09	798.81	110.13	32.61	64.17	106.83	68.65	483.08
2005	408.18	193.11	816.08	108.72	34.90	61.54	106.63	71.5	502.30
2006	420.69	188.83	804.17	101.25	34.65	59.38	101.03	69.76	504.22
2007	424.29	163.03	621.67	99.87	32.10	40.08	96.86	58.12	408.28
2008	429.51	169.34	619.63	99.87	34.58	42.43	97.96	60.80	402.05
2009	436.77	171.33	623.81	100.49	35.03	42.91	98.73	62.05	409.48
2010	442.25	170.62	618.19	99.92	34.10	42.47	97.57	61.77	406.19
2011	446.26	172.39	609.83	98.57	34.77	42.77	97.80	61.04	398.69
2012	449.09	174.60	605.82	97.28	35.11	42.41	97.61	62.42	405.71
2013	452.74	173.17	604.83	94.99	34.73	42.39	98.36	62.72	412.06
2014	454.61	174.07	618.13	94.76	31.21	41.66	97.77	62.47	424.58
2015	455.41	171.51	633.01	93.86	29.34	41.46	96.10	61.73	430.99
2016	451.49	166.25	613.37	90.77	27.31	39.68	94.00	60.22	428.20
2017	483.12	161.34	511.63	83.01	26.59	27.59	87.13	61.50	421.24
2018	472.49	156.99	499.18	83.21	24.82	26.67	85.08	61.26	419.37
2019	463.24	118.28	502.54	82.19	17.76	24.76	83.15	51.50	425.23

进一步，结合 CH$_4$ 排放来源进行具体分析，粮食主产区 CH$_4$ 排放呈下降的主要原因是畜禽肠道发酵排放明显减少，2000～2019 年，下降了 28.75%，然而稻田产生的 CH$_4$ 排放出现了明显增长，从 405.07 万吨增

长到 463.24 万吨，主要是由于粮食主产区稻田播种面积的增加。主销区和平衡区无论是稻田排放、肠道发酵排放还是粪便管理，排放均有所减少。

三、农业 CH_4 排放空间分异动态演进

为切实反映农业 CH_4 排放空间分异特征，采用非参数核密度对 2000 ~ 2009 年和 2010 ~ 2019 年两个时间段动态分布情况进行分析。两个时间段核密度出现了两个高峰，之后高度不断下降，分布曲线呈现右拖尾，波峰有明显向右移动的趋势，省域农业 CH_4 排放的差距呈现扩大趋势。

第四节　农业 CH_4 排放影响因素分析

一、影响因素选择

农业 CH_4 排放影响因素包括农业发展水平、居民生活状况、产业结构状况、城镇化水平、工业化水平、环境规制、农业机械投入以及农业科技研发投入等（郭海红，2021；马大来，2018；王劼，2018）。

农业发展水平与农业 CH_4 排放往往存在着双面效应，农业发展水平的提高往往会伴随着生产规模的扩大或是结构的调整，这一过程中可能会产生更多的 CH_4 排放，但是农业发展水平得到提高之后能够提高基础设施建设水平，带动农业生产能力提升，促进 CH_4 排放下降，本章用人均农林牧渔总产值（agr）来表征。

居民生活状况与农业 CH_4 排放之间存在环境库兹涅茨倒 "U" 型关系，随着居民生活状况的改善，需要更加绿色、更加良好的生态环境，为此，两者之间存在负向关系，本章以农村居民人均收入（inc）来表征。

产业结构状况，CH_4 的排放来源于种植与养殖，为此，农业产业内部结构会影响 CH_4 排放，本章以种植业占农林牧渔总产值的比重（ind）来

表征。

城镇化水平，城镇化会挤占农业用地，从而减少农业 CH_4 排放，本章用城镇人口占总人口比重（ubr）衡量。

工业化水平，随着工业化的发展，绿色技术会涌现，从而降低农业生产过程中 CH_4 的排放，本章采用非农业总产值占地区生产总值比重（iind）来表征。

环境规制会对从事农业生产，特别是养殖业生产的农户采取绿色化技术，提升农业生产过程中新技术的改良，本章采用各地区污染治理项目本年完成额占地区生产总值比重（enr）来表征。

农业机械投入主要用于降低农业种植过程中 CH_4 的排放，大马力机械的投入能够有效提升种植效率，本章用农业机械总动力（am）来表征。

农业科技研发投入是促进农业技术进步的关键，本章用各省科研人员政府出资与财政支农支出占总支出比重之积（ati）来表征。

二、中国农业 CH_4 空间差异的影响因素分析

基于地理探测器，以三大粮食功能区为主要分层方法，采用自然断点法对变量进行分层处理，将影响因子划分为 4 类（如表 9-5 所示）。可以看出，9 个因子对于 CH_4 排放的空间分异具有驱动作用，按照驱动因子解释力（q 统计值）的大小，将影响因素分为关键影响因子和次级影响因子，其中，空间因素（spa）、产业结构状况（ind）、工业化水平（iind）、农业科技研发投入（ati）为关键影响因素，农业发展水平（agr），居民生活状况（inc），城镇化水平（ubr），环境规制（enr）、农业机械投入（am）为次级影响因素。空间因素的解释力达到 0.438，是最为关键的影响因素，说明不同粮食功能区的功能差异对农业 CH_4 排放具有决定性作用。产业结构状况、工业化水平和农业科技研发投入的解释力分别为 0.122、0.241 和 0.206，这些变量从多方位表征了农业转型升级对农业 CH_4 减少的驱动作用。此外，居民生活状况、城镇化水平、环境规制、农业机械投入的解释力都在 0.03以上，虽然在考察期内不是最为关键的区域差异影响因素，但是也不能忽视。

表 9 - 5　　　　　　　中国农业 CH_4 排放的影响因子探测结果

项目	spa	agr	inc	ind	ubr	iind	enr	am	ati
q 统计值	0.438	0.041	0.044	0.122	0.034	0.241	0.032	0.082	0.206
p 值	0.000	0.005	0.017	0.000	0.038	0.000	0.035	0.000	0.000

三、不同功能区农业 CH_4 排放的影响因素

农业科技研发投入对三个区的空间布局都具有影响。农业科技研发投入为 CH_4 减排提供了重要的技术支撑，持续加强政府对于农业科技投入支撑是实现绿色化发展的重要驱动。

主粮区、主销区和平衡区的关键影响因素各异，如表 9 - 6 所示。具体来看，对于粮食主产区，产业结构状况是最关键的影响因素，解释力可以达到 0.549，粮食主产区承担着粮食安全的重任，在安全底线下，调整农林牧渔之间的比重，特别是营养导向下合理布设产业结构调整进程对 CH_4 减排具有重要作用。工业化水平和农业机械投入的解释力也在 0.08 以上，也是粮食主产区农业 CH_4 排放空间布局的主要影响因素。

表 9 - 6　　　　　　　不同功能区 CH_4 排放的因子探测结果

因子	主产区		主销区		平衡区	
	q 统计值	p 值	q 统计值	p 值	q 统计值	p 值
agr	0.010	0.694	0.292	0.002	0.132	0.045
inc	0.021	0.509	0.102	0.038	0.025	0.478
ind	0.549	0.000	0.055	0.141	0.479	0.000
ubr	0.009	0.816	0.029	0.403	0.047	0.196
iind	0.083	0.056	0.038	0.289	0.545	0.000
enr	0.049	0.107	0.083	0.127	0.042	0.234
am	0.083	0.042	0.178	0.029	0.036	0.319
ati	0.071	0.031	0.106	0.085	0.195	0.000

对于粮食主销区，农业发展水平是最重要的影响因素，解释力达到 0.292，粮食主销区的农业发展水平会链接当地居民的收入状况以及人民对

于美好生活的需求，农业发展水平越好对绿色、低碳产品的需求也就越强烈，这样会降低 CH_4 的排放。居民生活水平和农业机械化投入的解释力也高于0.1，说明这些也是农业 CH_4 空间布局的重要影响因素。

对于粮食平衡区，产业结构状况是主要影响因子，解释力达到0.479，工业化水平也是主要影响因子，解释力为0.545。产业结构的演变，从种植为主向一二三产业融合会有效降低农业 CH_4 的排放，工业化进程的加快则会转移农村劳动力，释放出更大采用有机肥替代化肥的需求。农业发展水平和农业科技研发投入也是粮食平衡区空间布局关键影响因素。

第十章　产业生态化与农业氧化亚氮（N₂O）排放

第一节　问题的提出

　　碳达峰、碳中和是对中国整个社会经济发展方式的系统性变革。"双碳"目标是"硬约束"，更是中国作为负责任的大国的体现。2020年，中国 GDP 达到全球经济总量的 17%，人均 GDP 也超过了 1 万亿美元大关,[①] 发展成就的取得无疑不彰显着蓬勃的发展潜力。但同时伴随着高占比的碳排放对经济发展方式提出了转型迫切需求，2020 年，中国碳排放占全球总量的 30.7%,[②] 经济总量的增长与碳排放之间呈现出强挂钩状态。碳排放的增加与中国的产业结构、能源结构乃至全球产业分工中的位置紧密结合在一起。"双碳"目标是实现高质量发展的亟须，更是社会各界达成的共识，实现"双碳"目标需要对生产方式进行变革。

　　《联合国气候变化框架公约》第二十六次缔约方大会上，多国对削弱 CH_4 排放达成一致。甲烷（CH_4）与二氧化碳（CO_2）、氢氟碳化物（HFCs）、全氟碳化物（PFCs）和六氟化硫（SF_6）等作为温室气体主要组成成分，共同对全球增温产生影响，为此，对温室气体进行综合减排成为实现

---

　　① 中华人民共和国 2020 年国民经济和社会发展统计公报，https：//www.gov.cn/xinwen/2021 - 02/28/content_ 5589283. htm？eqid = deedcfb20000047f000000036469f7e4。

　　② 《BP 世界能源统计年鉴》（2021）。

碳达峰与碳中和的重要一环。CH_4 产生主要来自农业、废弃物和能源活动，但中国农业发展又具有自己的典型特征，特别是农业状况，除了产生 CH_4 外，还会产生氧化亚氮（N_2O），对于中国而言，摸清非二氧化碳温室气体排放状况及区域分异特征，成为当务之急。

厘清中国 N_2O 排放特征，并提出针对性减排措施具有极为重要的意义。N_2O 是仅次于 CO_2 和 CH_4 的全球第三大温室气体，N_2O 的排放量虽然比较低，但是其温室效应潜力却能够达到 CO_2 的 96 倍，并且长期存在，其对臭氧层的破坏更是不容忽视。N_2O 有多种排放源，但农业是其最大排放源，农业 N_2O 的主要来源是农业用地排放和畜牧业粪便，厘清中国及分省农业碳排放结构特征，并从区域视角，探索区域分异特征将为温室气体减排提供重要支撑。

农业系统 N_2O 排放量估算及分区研究一直是国内外学术研究的热点。曾江海等（1995）辨识了三种施肥处理的农田单位面积上农田释放的 N_2O 通量 F 值，厘清了土壤排放 N_2O 的排放总量，指出氮肥转化为 N_2O 的比例受化肥种类、耕种方式、气候等多因素影响。胡向东等（2009）利用 FAO 公布的排放系数匡算了畜牧业 N_2O 排放量，指出畜禽 CH_4 排放量和 N_2O 排放量重点区域存在明显关联特征，两者排放前十的省份空间基本重合。李艳春等（2014）考虑到农业生态系统中氮要素在各个环节的循环，首次用 IAP – N 模型测算了福建省 1991~2010 年农田直接排放、间接排放、秸秆还田和畜禽粪便管理产生的 N_2O 量，从而得出结论：20 年间总排放量先增后减，农田直接排放量占比达到总排放量的 66.2%，农田旱作是农田直接排放的关键源，猪是粪便管理系统 N_2O 排放的关键源，并找出漳作市、南平市等排放高值区。张冉（2015）利用 Meta 分析方法，辨识了不同区域秸秆还田产生的温室效应，指出随着施氮量的增加，秸秆还田对 N_2O 排放产生的影响逐渐由负转正，但是当施氮量超过一定范围后（240 kg/hm^2），其产生的效应再次表现为负效应。李玥（2020）认为，影响土壤 N_2O 排放的因素有气候、土壤、农田管理，由于气候、土壤不可控，所以 N_2O 减排只能通过农田管理来实现，他考察了施氮量、化肥品种、施肥时期和方法对 N_2O 减排排放的影响，认为若氮素投入超过农作物所需，N_2O 排放量会出现指数型增长，强调在不同区域开展土壤 – 气候 – 作物的长期系统研究，找出同类地区的合理种植模式和施肥方式。对农业系统 N_2O 的研究处于逐步的探索与完善阶段，特别是对于空间排放的总体差异，并开展主粮低碳化生产需要进一步厘清，本章测度了 2000~2019 年全国 31 个省份（港澳台除外）农业系统 N_2O 的排放量，通过泰尔指数匡算 N_2O 总体排放差异的原因，并给出主粮低碳化生产的对策与建议。

第二节　测度方法与数据

一、N_2O 排放测度方法

（一）N_2O 排放估算方法

全国农业系统 N_2O 排放量主要来自种植业农用地的直接排放与养殖业畜禽粪便管理产生的排放（张学智，2021）：

$$E_{N_2O} = \sum \left(N_2O_{直接} + E_{N_2Omanure} \right) \tag{10.1}$$

其中，种植业直接排放来源于农用地化肥施用量和秸秆还田所产生的氮，公式计算为：

$$N_2O_{直接} = \left(N_{化肥} + N_{秸秆} \right) \times EF_{直接} \tag{10.2}$$

其中，$N_2O_{直接}$ 为种植业农用地 N_2O 直接排放量，单位为 $\times 10^4 t$；$N_{化肥}$ 为农用地化肥施用量，单位为 $\times 10^4 t$；$N_{秸秆}$ 为秸秆还田氮，单位为 $\times 10^4 t$；$EF_{直接}$ 为农用地 N_2O 直接排放因子。

农用地 N_2O 直接排放因子如表 10-1 所示。

表 10-1　　　　　　　农用地 N_2O 直接排放因子　　　　　单位：%

区域	N_2O 直接排放因子（EF）	范围
Ⅰ区（内蒙古、新疆、甘肃、青海、西藏、陕西、山西、宁夏）	0.56	0.15~0.85
Ⅱ区（黑龙江、吉林、辽宁）	1.14	0.21~2.58
Ⅲ区（北京、天津、河北、山东、河南）	0.57	0.14~0.81

续表

区域	N₂O 直接排放因子（EF）	范围
Ⅳ区（浙江、上海、江苏、安徽、江西、湖北、湖南、四川、重庆）	1.09	0.26~2.20
Ⅴ区（广东、广西、海南、福建）	1.78	0.46~2.28
Ⅵ区（云南、贵州）	1.06	0.25~2.18

秸秆还田所产生的氮计算公式为：

$$N_2O_{秸秆} = \sum_{i=1}^{n} (M_i/L_i - M_i) \times \beta_i \times K_i + M_i/L_i \times \alpha_i \times K_i \quad (10.3)$$

其中，$N_2O_{秸秆}$为秸秆还田氮，单位为$\times 10^4 t$；M_i为第 i 种作物籽粒产量，单位为$\times 10^4 t$；L_i为第 i 种作物的经济系数；β_i为第 i 种作物的秸秆还田率；K_i为第 i 种作物的秸秆含氮率；α_i为第 i 种作物的根冠比。

主要农作物参数如表 10-2 所示。

表 10-2　　　　　　　　　　主要农作物参数　　　　　　　　　单位：%

农作物	籽粒含氮量	秸秆含氮量	经济系数	根冠比	秸秆还田比例
水稻	0.0100	0.00753	0.489	0.125	32.30
玉米	0.0170	0.00580	0.438	0.170	9.30
小麦	0.0140	0.00516	0.434	0.166	76.50
高粱	0.0170	0.00730	0.393	0.185	4.00
大豆	0.0600	0.01810	0.425	0.130	9.30
蔬菜类	0.0080	0.00800	0.830	0.250	61.85
麻类	0.0131	0.01310	0.830	0.200	9.30
薯类	0.0040	0.01100	0.667	0.050	39.92
烟叶	0.0410	0.01440	0.830	0.200	61.85
甜料	0.0055	0.00550	0.271	0.150	61.85

养殖业粪便管理产生的 N₂O 计算公式为：

$$E_{N_2O_{manure}} = \sum_{i=1}^{n} EF_{N_2O_{manure}} \times AP_i \times 10^{-7} \quad (10.4)$$

其中，$E_{N_2O_{manure}}$为畜禽粪便管理 N₂O 排放量，单位为$\times 10^4 t$；$EF_{N_2O_{manure}}$为 i 类

畜禽粪便管理排放因子；AP_i 为 i 类畜禽的数量。

不同区域畜禽粪便管理排放因子如表 10 – 3 所示。

表 10 – 3　　　　　　　　　不同区域畜禽粪便管理排放因子

区域	畜禽粪便管理的排放因子（1kg，1 头·年）								
	牛	绵羊	山羊	猪	家禽	马	驴	骡	骆驼
华北	0.794	0.093	0.093	0.227	0.007	0.330	0.188	0.188	0.33
东北	0.913	0.057	0.057	0.266	0.007	0.330	0.188	0.188	0.33
华东	0.846	0.113	0.113	0.175	0.007	0.330	0.188	0.188	0.33
中南	0.805	0.106	0.106	0.157	0.007	0.330	0.188	0.188	0.33
西南	0.691	0.064	0.064	0.159	0.007	0.330	0.188	0.188	0.33
西北	0.545	0.074	0.074	0.195	0.007	0.330	0.188	0.188	0.33

（二）Theil 指数分析方法

Theil 指数又称为泰尔指数或者锡尔指数，通过因素分解等方法，对农业系统 N_2O 排放进一步细分，可以刻画出总体差异的来源是由于区域之间差异所导致，还是由于区域内部之间差异所导致。本章将全国分为八大农业经济区，将农业 N_2O 排放进行拆分，农业 N_2O 排放总体差异由区域内部的农业 N_2O 排放差异和区域之间的农业 N_2O 排放差异之和构成，将农业 N_2O 排放的区域内部和区域外部的贡献率测算出来，其具体公式为：

$$T_i = \sum_{i=1}^{n} \frac{GDP_j}{GDP_i} \times \ln \left(\frac{GDP_j}{GDP_i} \times \frac{ACE_i}{ACE_j} \right) \tag{10.5}$$

$$T_{wr} = \sum_{i=1}^{n} ACE_j \times \left(\sum_{j=1}^{m} ACE_{ij} \times \ln \frac{ACE_{ij}}{GDP_{ij}} \right) \tag{10.6}$$

$$T_{br} = \sum_{i=1}^{n} ACE_i \times \ln \frac{ACE_i}{GDP_i} \tag{10.7}$$

$$T_i = T_{wr} + T_{br} \tag{10.8}$$

$$T_{wr}\% = \frac{T_{wr}}{T_i}\% \tag{10.9}$$

$$T_{br}\% = \frac{T_{br}}{T_i}\% \tag{10.10}$$

其中，ACE 为农业 N$_2$O 排放总量，GDP 为农林经济总产值，GDP$_j$ 为第 j 个省份的 GDP 占全国 GDP 的百分比，GDP$_i$ 为第 i 个经济区的 GDP 占全国 GDP 的比重，同理，ACE$_j$ 为第 j 个省份的农业 N$_2$O 排放占全国农业 N$_2$O 排放的比重，ACE$_i$ 为第 i 个经济区的农业 N$_2$O 排放总量占全国农业 N$_2$O 排放量的比重。T$_i$ 为农业 N$_2$O 排放的总体差异，T$_{br}$ 为 N$_2$O 排放区域间差异部分，T$_{wr}$ 为 N$_2$O 排放的区域内部的差异部分，T$_{wr}$% 为区域内差异部分对总体差异的贡献比例，T$_{br}$% 为区域间差异部分对于总体的贡献比例。

二、数据来源及区域划分

（一）数据来源

本章农作物产量、畜禽量来源于中国统计年鉴（2000～2019 年）、《中国农业年鉴》（2000～2019 年），不同区域农用地氧化亚氮排放因子、主要农作物参数和不同区域畜禽粪便管理排放因子均来源于《省级温室气体清理编制指南》（国家发展改革委，2011 年），如表 10-4 所示。

表 10-4　　　　　　　　　　数据描述性统计分析表

变量名称	最小值	最大值
主要农作物产量（吨）	90 506	143 452
畜禽数量（头）	566 652	898 715
农用化肥施用量（吨）	4 146	6 023
农林牧渔业总产值（万元）	24 916	123 968
N$_2$O 排放量（万吨）	66	81

（二）区域划分

为研究不同区域之间的差异及内在关联性，本章采用了四大板块与八大经济区划分方法，其中四大板块包含东部、中部、西部和东北板块，八大经济区包括北部沿海、东部沿海、南部沿海、黄河中游、长江中游、大西南、大西北和东北经济区，如表 10-5 所示。

表 10 – 5   中国农业碳排放研究区域划分

四大板块	经济区	包含省份
东部	北部沿海（2省2直辖市）	北京、天津、河北、山东
	东部沿海（2省1直辖市）	上海、江苏、浙江
	南部沿海（3省）	广东、福建、海南
中部	黄河中游（3省1自治区）	山西、陕西、河南、内蒙古
	长江中游（4省）	湖北、湖南、江西、安徽
西部	大西南（3省1直辖市1自治区）	云南、贵州、四川、重庆、广西
	大西北（2省3自治区）	甘肃、青海、宁夏、西藏、新疆
东北	东北（3省）	辽宁、吉林、黑龙江

第三节　N_2O 排放时空分析

一、全国 N_2O 排放呈现先增加后减少趋势

如图 10 – 1 所示，2000 年全国 N_2O 排放量为 66.67 万吨，2000～2015 年 N_2O 排放量呈现整体上升趋势，2015 年 N_2O 排放量为 80.63 万吨，增加了 20.94%，年均增加 1.4%，从 2015 年开始，呈现下降趋势，2019 年 N_2O 排放量为 74.79 万吨，下降了 7.24%。从结构来看，农用地和养殖业始终是 N_2O 排放的主要来源，但两者变化趋势截然相反，2000～2019 年，农用地 N_2O 排放由 40.19 万吨增长到 51.41 万吨，增长了 27.9%，养殖业 N_2O 排放量由 26.45 万吨下降到 19.57 万吨，下降了 26%。养殖业 N_2O 排放下降的重要来源是养殖业内部结构的转换，具体来看，养殖呈现增长的包括家禽、绵羊和骆驼养殖，分别增长了 33.42%、19.36% 和 45%，呈现下降的包括牛、马、驴、猪和山羊，下降区间在 15%～70%。

如图 10 – 2 所示，各板块 N_2O 排放呈现出区域集中的特点，除东部板块外，其他板块均呈现增加趋势，中部、西部和东北板块分别增长了 11.52%、18.84% 和 39.63%，引起这一变化的主要原因是城镇化的推进对农业用地挤占。从四大板块来看，N_2O 排放最多的板块为中部板块，这一板块主要集中在黄河中游和长江中游，2019 年，中部区域 N_2O 排放量为

23.13 万吨，这与中部板块是中国的粮食、畜牧业主产区紧密相连。其次为东部板块，与全国演变趋势有较大差异，这一板块的 N_2O 排放量在 2005 年达到峰值，为 23.23 万吨，此后，东部板块 N_2O 排放量波动式下降。西部板块和东北板块的 N_2O 排放量位居第三位与第四位，东北地区更是有"中国粮仓"的美誉，这两个板块的 N_2O 排放量在 2015 年之后出现了较为显著的下降，可能与该区域种植养殖机械化方式的扩大以及绿色发展方法的融入有关。

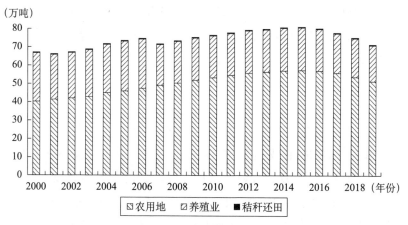

图 10 - 1　2000 ~ 2019 年中国农业 N₂O 总体排放

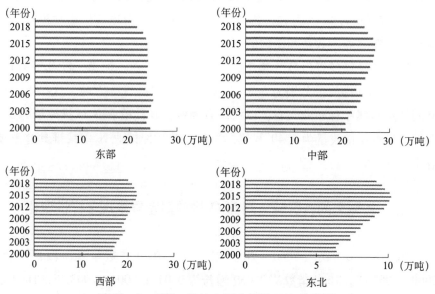

图 10 - 2　2000 ~ 2019 年四大板块 N₂O 排放量

二、分省 N_2O 排放量差异显著，集中趋势更为凸显

分省总体特征来看，不同省份之间的整体差异较大。N_2O 排放量最少的为北京市，2019 年为 0.053 万吨；排放量最多的为广西，为 5.3 万吨。两者相差 100 倍，主要差异来源于两个省份的农用地数量不同，广西当年的农用地 N_2O 的排放量为 4.49 万吨。2000～2019 年，N_2O 排放量减少的省份主要分布在城镇化比较迅速的省份，如北京、上海、天津等，与这些地区农业用地减少有直接的关系，特别是北京市 N_2O 排放量从 2000 年的 0.28 万吨下降到 0.053 万吨，下降了 81.07%。

各省份 N_2O 排放的主要形态为显著下降、显著上升，稳定变化。其中北京、天津、上海、河北、江苏显著下降，这些区域在 2000～2019 年快速城镇化，2019 年城镇化率分别达到 86.6%、83.48%、88.3%、57.42%、70.4%。宁夏、甘肃、陕西、新疆、内蒙古等欠发达地区 N_2O 呈现显著上升趋势。其中，比较特殊的山东的 N_2O 排放呈现下降趋势，N_2O 排放量由 2000 年的 4.84 万吨下降到 2019 年的 3.7 万吨，其中，种植业 N_2O 排放量从 2.41 万吨下降为 2.26 万吨，养殖业 N_2O 排放量从 2.43 万吨下降为 1.45 万吨，排放下降可能的原因为当地作物种植转向蔬菜种植，加之养殖数量和结构的调整。

N_2O 排放较多省份较为集中，主要集中在广西、河南、江苏等省份，2019 年，N_2O 排放量分别为 5.31 万吨、3.5 万吨、5.3 万吨，这些省份的共同特点是属于种植业大省，以河南省为例，其种植业 N_2O 排放量为 3.8 万吨，养殖业排放量为 1.49 万吨，为此，做好种植业 N_2O 减排具有重要意义。

三、省域之间、区域之间 N_2O 排放量差异呈现多样性变化

如表 10-6 所示，2000～2019 年，全国 Theil 指数呈现阶段性变化。2000～2003 年，Theil 指数从 0.039 增长为 0.046；2004～2008 年，Theil 指数从 0.046 下降为 0.043；2009～2019 年变化较为平稳，在 2010 年达到

0.053 的峰值，省域之间的 N₂O 排放量差异经历了先扩大，再缩小，最后平稳的演变趋势，并且 N₂O 排放量差异主要原因是各省份排放不同引起的。

表 10 – 6　　　　　　　　　2000～2019 年全国 Theil 指数值

年份	TWR	TBR	Theil	年份	TWR	TBR	Theil
2000	0.018	0.021	0.039	2010	0.019	0.034	0.053
2001	0.021	0.024	0.045	2011	0.018	0.028	0.046
2002	0.022	0.023	0.044	2012	0.017	0.026	0.044
2003	0.023	0.023	0.046	2013	0.018	0.028	0.046
2004	0.021	0.021	0.042	2014	0.019	0.027	0.046
2005	0.020	0.020	0.040	2015	0.022	0.026	0.048
2006	0.019	0.022	0.040	2016	0.023	0.022	0.046
2007	0.019	0.024	0.043	2017	0.027	0.019	0.046
2008	0.018	0.025	0.043	2018	0.027	0.019	0.046
2009	0.017	0.032	0.049	2019	0.029	0.016	0.045

如表 10 – 7 所示，从八大区域变化来看，种植业是引起 N₂O 排放差异的主要原因。具体来看，东北区域、南部沿海、大西南区域、长江中游和黄河中游的 Theil 指数增长，以东北区域为例，Theil 指数从 2000 年的 0.027 增长为 2019 年的 0.064，区域内部 N₂O 排放进一步扩大。北部沿海、大西北两个区域的 Theil 指数呈现下降趋势，北部沿海区域从 0.007 下降为 0.006，大西北区域从 0.116 下降为 0.062，区域内部 N₂O 排放差距缩小。

表 10 – 7　　　　　　　　　2000～2019 年区域 Theil 指数值

项目	2000 年	2005 年	2015 年	2019 年
东北区域内部差异	0.027	0.025	0.047	0.064
东部沿海区域内部差异	0.044	0.04	0.013	0.024
北部沿海区域内部差异	0.007	0.01	0.008	0.006
南部沿海区域内部差异	0.002	0.000	0.009	0.017
大西北区域内部差异	0.116	0.109	0.078	0.062
大西南区域内部差异	0.022	0.031	0.036	0.049
长江中游区域内部差异	0.005	0.008	0.004	0.008
黄河中游区域内部差异	0.001	0.002	0.013	0.019

第四节　N_2O 减排对策

综上所述，对农业 N_2O 排放减排需要发展低碳化农业，特别是针对主粮作物的低碳化生产。对于四大区域，主要针对中部板块和西部板块发力，这两个板块是农业用地和养殖业比较多的区域，通过对生产环节技术的提升以及规模化种植，提升种植、养殖效率，节约部分农业用地，利用有机肥进行替代，健全畜禽养殖废弃物实现资源利用的制度，推动绿色种养循环的实现，加强秸秆综合利用。对于八大经济区，需针对区域内部差异比较大的区域重点发力，主要囊括东北区域和大西南区域，推进农业循环式生产、产业循环式组合，促进 N_2O 高效利用，减少排放，实现主粮作物低碳化生产。

在保证农产品产量和质量的基础上，基于中国农业生产的技术水平，目前开展的关于减缓 N_2O 排放措施的研究主要有：合理施氮、科学耕种、调整农业产业结构等。

一、合理施氮

施肥会刺激农田土壤氮、碳含量，研究表明，当氮素投入量超过农产品所需，N_2O 排放量会呈现指数型增长，控制氮要素在合理范围，对农业 N_2O 减排具有重要意义。合理施氮的措施主要有：控制氮、磷、钾的比例，适量施肥，选择合适的施肥品种和施肥方法，确定合理的施肥时间等。

第一，不同地区土壤肥力、含氮量各不相同，不同农作物对氮、磷、钾比例要求也不相同，因此，可通过肥料效应函数、理论施氮量法、氮要素利用率与氮素盈余相结合的方法确定合理的施氮量，并判断氮素管理是否合理。第二，不同氮肥品种 N_2O 排放系数各不相同，尿素、硝态氮肥转化率最低，液氮、硝酸钾、有机肥和不同化学肥料混合使用的转换率较大，因此，要在不同的土壤—气候—作物条件下选择合适的化肥种类。第三，合理的施肥时期和方法可有效地提高氮素利用率，例如，在华北平原的冬小麦—夏玉米轮作体系中，冬小麦施肥产生的 N_2O 排放量明显低于在春季和夏季施肥，同时为减少 N_2O 排放，可采用深施、混施等方法。

二、科学耕种

科学耕种是减缓 N_2O 排放量的有效措施，如采用少耕法、免耕法（保护性耕种）等。研究表明，免耕法相较于传统性耕种，可减少温室气体排放，其中 N_2O 排放量将减少 5.2%，CO_2 排放量将减少 5% ~20%。少耕免耕技术可保证土壤氮、磷、钾含量，增加土壤持水量，提高利用率，增强土壤团聚效应，增加有机质，在保护土壤肥力的同时增产增量，具有较好的经济、社会、生态效益，是今后寻求替代传统耕种方法的发展方向，考虑到技术特点和土壤特性，少耕、免耕法在我国东北、华北、西北等地有较大的发展潜力。

三、抑制剂的应用

使用乙炔、氢醌等抑制剂可有效地减少农业 N_2O 排放，在氮肥中加入双氰胺和氢醌可达到较好的抑制效果。抑制剂的使用效果与化肥种类、土壤、温度、含水量、pH 值、作物类型、耕种方式等都有关系，因此，在使用抑制剂的同时，要综合考虑这些影响因素。

四、调整农业产业结构，增强农业基础现代化

农业 N_2O 排放主要来自种植业和畜禽养殖，不同地区农作物种植比例、畜禽饲养数量导致各省份、各区域排放量存在差异。因此，调整农业产业结构、推动农业产业结构优化升级对促进 N_2O 减排具有重要意义。因技术、自然条件、生产方式的差异，各区域农业结构和经营方式互不相同，各区域政策目标也不尽相同，因此，要明确本国在世界农业结构中的地位，以及国内各区域在本国农业体系中的位置，发挥各区域优势，追求农业生产区域化以及各区域之间的相互促进、相互协调，促进各区域的不

断调整，进而达到减排目标。

同时，积极促进农业产业供给侧结构性改革，发展集约化、精细化、智能化农业，创新农产品供给，满足农产品新需求，农业生产始终围绕品牌化、绿色化，增强农业可持续发展能力。农业技术是推动农业绿色化、现代化的动力，因此，要加大农业科研投入，提高农业生产水平、灌溉水平，研发绿色氮肥，完善农业基础设施，利用大数据、云平台等现代技术对生产环境进行监测，增强农业基础现代化。

总之，农业 N_2O 的减排措施不仅要考虑土壤、气候、水分等自然条件，还要综合考虑农业技术、氮肥使用、耕种方式、产业结构等因素。并且，在根据各地区情况进行减排措施研究的同时，不能忽略人为活动带来的其他温室气体的排放。深入研究农业 N_2O 排放的源与汇，仍将是未来的热点与难点。

第三篇　案例篇

第十一章　有机旱作农业转型绩效特征及其碳减排效应研究

第一节　问题的提出

全方位夯实粮食安全根基，全面落实粮食安全，需要拓宽现代农业农村发展新路（徐亚东等，2023），强化有机旱作农业技术体系，使有机旱作农业成为现代农业的重要品牌。《第三次全国国土调查主要数据公报》显示，中国耕地面积为 19.18 亿亩，其中旱地为 9.65 亿亩，占 50.33%，64% 的耕地分布在昆仑山—秦岭—淮河以北的地区。有机旱作农业转型发展过程中，在产生能够满足人民美好生活需求的优质农产品的同时，也带来了资源（水、土地等）的节约，减少了 CO_2 排放。农业是第二大温室气体排放源，也是 CO_2 排放的来源之一，有机旱作农业是实现"双碳"目标和农业可持续发展的重要一环。深入研究有机旱作转型绩效及碳减排效应，对于农业可持续发展、保障我国粮食安全、制定合理的农业碳减排政策具有重要的意义。科学评价转型绩效是衡量转型政策效果的重要途径，也是测评其碳减排效应的前提。国内外对转型绩效和碳排放效应的研究方法主要集中在以下几个方面。一是转型绩效的研究对象主要是资源转型和数字智能服务化转型。资源型转型，侧重研究资源型城市的转型绩效特征及评价（张梦朔等，2021；聂雷，2022；谭俊涛，2020）、碳减排效应（徐维祥等，2023）、考评体系构建（姚君等，2022）。数字智能服务化转型，侧重研究大数据资源（马鸿佳等，2023；Matarazzo M et al.，2021）、数据赋能（赵文平等，2023；Jiao H et al.，2020）对转型绩效的影响。针对有机旱作农业转型绩效的研究亟须深化。二是转型绩效的测度与评价研究，主要采取以下两种测度方法。指标体系法，有学者从居民生计、公共服务、民生环境、文化消费四个方面构建指标体系对湖北省黄石市资源型城市转型绩效进行民生满意度评价（郝祖涛等，2017）；还有学者从资源型城市经济转型的角度，构建包括"资源依赖、经济水平、生态效率、社会福利、创新驱动"的五维评价法，对东北地区2003年以来的经济转型进行绩效评价（曾贤刚等，2018）。单指标法，评价资源型城市主要转型绩效的可持续发展（徐维祥等，2023）、产业升级（李朝洪等，2020）、经济提质增效、低碳发展（曾贤刚等，2018）。基于"双碳"目标的提出和推动低碳农业的发展，学术界密切关注碳减排的路径研究。研究表明，农业保险（陈建学等，2023；徐雯等，2023）通过调整农业种植结构抑制农业碳排放，我国现有的农业低碳技术（李劼等，2022）在农业发展过程中发挥了重要的作用。北方地区还可以通过低碳循环、扩容增碳、碳优化养殖、节氮保碳4种技术构成进行土壤固碳（蔡育蓉等，2022），此外，还可以发挥秸秆综合利用（霍丽丽等，2022）、投资技术创新（Bell J et al.，2023）、改善农用土地利用类型（Rosa L et al.，2023）、经济和技术合作（He Y et al.，2022）的碳减排作用。本章着重厘清有机旱作农业的转型绩效特征，识别其碳减排效应，并对促进有机旱作农业进一步发展提出对策建议。

第二节　理论机制与方法

根据《第三次全国国土调查主要数据公报》显示，2020年中国耕地面积12 786.19万公顷，其中旱地6 435.51万公顷，占50.33%，64%的旱作耕地分布在昆仑山、秦岭、淮河以北，为此，本章以昆仑山、秦岭、淮河以北的地区为研究区域，研究时间为2005~2020年。该区域覆盖北京、天津、河北、山西、内蒙古、辽宁、吉林、黑龙江、山东、河南、陕西、甘肃、青海、宁夏、新疆15个省份，面积为579.09万平方千米，占全国的60.32%，人口和生产总值分别占全国的40.52%和35%。作为全国重要的

旱作农业区，2020 年昆仑山、秦岭、淮河以北的旱作农业区耕地面积约为
827 990.55 千平方千米，占全国耕地总面积的 64.7%，旱作农业区农业总
产值为 33 024.21 亿元，占全国农业总产值的 46.03%。粮食总产量为
39 646.71万吨，占全国粮食总产量的 59.22%，总人口数为 57 224 万人，
占全国总人口数的 40.53%。

一、理论分析

（一）有机旱作农业转型的产业升级效应

农业产业调整是农业经济持续发展的重要保障，也是有机旱作农业碳
减排发生的途径之一，通过促进农业结构多元化和立体化进一步实现碳减
排效应，从产业结构多元化来看，产业升级带动农业经济发展以及有机旱
作农业的推广和发展，可以促进农业经济的发展和升级。有机旱作农业的
生产方式具有高品质、高附加值、高收益等特点，可以带动农业经济的发
展和升级。有机旱作农业的生产方式具有环保、健康等特点，可以提高农
产品的质量和安全性，促进农产品的出口。有机旱作农业的生产方式具有
高效化、智能化、自动化的特点，可以推动农业现代化的发展，促进农业
的高质量发展。

（二）有机旱作农业转型的社会生活效应

有机旱作农业转型的推广和发展过程中，在经济发展和生活保障方面
体现出良好的转型作用。有机旱作农业能够促进绿色农业经济增长、农业
资本深化和有偏技术进步，对实现碳达峰与碳中和目标具有重要作用。有
机旱作农业转型能够增加农业生态系统韧性、降低农业劳动力资本水平、
助力农产品消费结构转变，推动农业高质量发展和绿色低碳发展，促进清
洁低碳、安全高效的农业技术采用，进而提高农业要素利用率和降低生产
性碳排放。有机旱作农业转型对资源节约、低碳生产、农业综合效益提升
影响深远，可以强化农户的转向意识和主体责任，提高居民的生活品质，
促进经济可持续发展。随着农户收入水平的提高和消费者对绿色农产品需
求的重视，农户更加关注有机旱作农业转型，消费者低碳意识增强，公众

环境意识提升，有利于促进碳减排。

（三）有机旱作农业转型的环境改善效应

有机旱作农业的推广和发展，可以减少农业对环境的污染，改善生态环境。有机旱作农业的生产方式具有生态保护、生态修复等特点，可以促进生态系统的稳定性和复苏。在推广有机旱作农业的过程中，对生态系统的保护和修复有利于促进生态平衡的形成和发展，可以提高土地资源利用效率，保障粮食安全。有机旱作农业的生产方式具有土地保护、土壤改良等特点，可以提高土地资源的利用效率和产量，保障粮食安全。在推广有机旱作农业的过程中，加强土地利用规划和管理可以提高土地资源的利用效率和产量水平。有机旱作农业的推广和发展，可以降低温室气体的排放，缓解气候变化，可以促进生态文明建设，推动可持续发展。

二、研究方法

（一）有机旱作农业转型绩效评价指标体系

参考现有研究（徐维祥等，2023），本章从经济产业转型、社会生活转型和生态环境转型三个层面构建有机旱作农业转型绩效指标体系。在指标测度上，先对原始指标数据进行标准化处理，再使用熵值法对每项指标进行评分确定其权重，最终得到有机旱作农业转型绩效指标体系。

（二）有机旱作农业转型绩效时空特征分析方法

1. 泰尔指数

为进一步明确有机旱作农业转型绩效的时序差异及空间变化，利用泰尔指数区域差异进行测算，并将其分解为地区间差异和地区内差异进行对比分析。

$$T = \frac{1}{n}\sum_{i=1}^{n}\left(\frac{TRA_i}{TRA} \times \ln\frac{TRA_i}{TRA}\right) \tag{11.1}$$

$$T_r = \frac{1}{n}\sum_{i=1}^{n_r}\left(\frac{TRA_{ri}}{TRA} \times \ln\frac{TRA_{ir}}{TRA_r}\right) \tag{11.2}$$

$$T = T_a + T_b = \sum_{r=1}^{5}\left(\frac{n_r}{n} \times \frac{\overline{TRA_r}}{\overline{TRA}} \times T_r\right) + \sum_{r=1}^{5}\left(\frac{n_r}{n} \times \frac{\overline{TRA_r}}{\overline{TRA}} \times \ln\frac{\overline{TRA_r}}{\overline{TRA}}\right) \quad (11.3)$$

其中，T 为有机旱作农业转型绩效的泰尔指数，其数值位于（0，1），能够体现区域总体差异的大小；TRA 为有机旱作农业转型绩效值；T_r（r = 1，2，3，4，5）分别表示东北、华北、华东、西北和中南地区有机旱作农业转型绩效的泰尔指数；i 为省份；n 为有机旱作农业省份的研究数量（个）；T_a、T_b分别表示地区间差异和地区内差异；n_r分别表示不同区域有机旱作农业省份数量（个）；TRA_i 表示省份 i 的转型绩效；TRA_{ri}表示 r 地区有机旱作农业省份 i 的转型绩效；$\overline{TRA}$、$\overline{TRA_r}$分别为有机旱作农业和 r 地区有机旱作农业省份转型绩效的平均值。可以从地区间差异泰尔指数 T_a 和地区内差异泰尔指数 T_b 两个层面来分析总体区域差异的来源。T_a/T 和 T_b/T 分别为地区间差异和地区内差异对总体差异的贡献率，（TRA_r/TRA）×（T_r/T）为地区内差异中东北、华北、华东、西北和中南地区有机旱作农业省份五个地区的贡献率，其中，TRA_r 与 TRA 分别为五个区域有机旱作农业与有机旱作农业转型绩效之和。

2. 空间马尔科夫链

为进一步探究有机旱作农业转型绩效在时序变化过程中与邻接省份的空间关联性。通过各省份转型绩效的初始年份空间滞后值将研究省份分为 k 种类型，邻域绩效类型通过省份 i 在该年份的空间滞后值来表示，将空间滞后值纳入传统马尔科夫链中构建出 k 个 k × k 阶概率转移矩阵。空间滞后值计算如下：

$$Lag = \sum x_i W_{ij} \quad (11.4)$$

其中，Lag 为相邻省份的空间滞后值；x_i 为省份 i 的转型绩效；W_{ij}为邻接空间权重矩阵。

（三）有机旱作农业转型碳减排效应分析方法

1. 面板固定效应模型

为探究有机旱作农业转型绩效与碳排放之间的关系，构建计量模型进行检验：

$$EMI_{it} = \alpha + \beta TRA_{it} + \delta X_{it} + \mu_i + v_i + \varepsilon_{it} \quad (11.5)$$

其中，t 为时间，EMI_{it}为省份碳排放量（亿吨），X_{it}为控制变量，μ_i为省份固定效应，v_i 为时间固定效应，ε_{it} 为随机干扰项，α 为常数项，β 和 δ 分别为核心解释变量和控制变量的估计系数。

本章选取以下变量作为控制变量：政府干预（GOV），采用地方财政一般预算支出与 GDP 之比反映政府干预程度。人口规模（POP），采用城市常住人口来表征。环境规制（ENR），采用水利、环境和公共设施管理业从业人员占总人口比例来表征。基础设施（INF），采用城市道路面积与总人口的比值来表征。市场规模（SIZ），采用每平方千米人口数与人均GDP 的乘积来表征。

2. 空间计量模型

进一步将有机旱作农业转型绩效引入 STIRPAT 模型，分析有机旱作农业转型对碳排放的影响路径，以及所展现的空间效应。空间杜宾模型（SDM）可化简为空间误差模型（SEM）和空间滞后模型（SLM）：

$$EMI_{it} = \alpha TRA_{it} + \beta X_{it} + \rho \sum_{i=1}^{n} W_{ij} EMI_{it} + \gamma \sum_{i=1}^{n} W_{ij} TRA_{it} + \varphi \sum_{i=1}^{n} W_{ij} X_{it} + \mu_i + v_i + \varepsilon_{it}$$

$$(11.6)$$

其中，ρ、γ、φ 均为变量的空间滞后系数，此外，为了缩小变量尺度使数据更平稳，降低异方差，本章对相应变量进行取对数处理。

三、数据来源与阶段划分

本章有机旱作农业转型绩效指标体系及控制变量数据主要来源于 2005～2020 年的《中国统计年鉴》，文章对统计年鉴中收集的数据进行预处理，对个别年份的缺失值进行插值处理。

本章以 2005～2020 年的 15 个有机旱作农业省份转型绩效平均值为标准，将其划分为四种等级。滞后区（绩效值低于平均值的 60%）、起步区（绩效值在平均值的 60%～80%）、跨越区（绩效值在平均值的 80%～120%）、先行区（绩效值高于平均值的 120%），使用空间马尔科夫链探究有机旱作农业区域转型绩效的时空演化特征，根据初始年份的空间滞后值和上述划分的四种类型来建立空间马尔科夫概率转移矩阵（如表 11-1 所示），分析四种转型绩效类型区在不同时间段的概率转移趋势。

表11-1 空间马尔可夫转移概率

单位:%

类型		2005~2020年				2005~2012年				类型		2013~2020年			
		滞后区	起步区	跨越区	先行区	滞后区	起步区	跨越区	先行区			滞后区	起步区	跨越区	先行区
滞后区(甘肃/陕西)	滞后区	6.67	3.33				28.57	7.14		滞后区(甘肃/宁夏/青海)	滞后区	29.17	12.50	8.33	
	起步区		30.00	10.00			14.29	28.57	7.14		起步区		45.83	4.17	
	跨越区		6.67	33.33	3.33	7.14		7.14	7.14		跨越区				
	先行区	3.33		3.33							先行区				
起步区(青海)	滞后区	26.67	6.67			2.86	42.86	14.29	1.43	起步区(黑龙江/吉林/内蒙古/山西/陕西/新疆)	滞后区		2.08		
	起步区	6.67	46.67	6.67			14.29	14.29	11.43		起步区		56.25	12.50	
	跨越区	6.67		6.67					15.71		跨越区			29.17	
	先行区				2.22						先行区				
跨越区(河北/河南/黑龙江/吉林/辽宁/内蒙古/宁夏/山西/新疆)	滞后区	2.67	2.67	0.67	0.67	2.86	2.86	1.43		跨越区(河北/河南/辽宁/山东)	滞后区				
	起步区		22.00	5.33			5.71				起步区				6.25
	跨越区	1.33		38.67	6.00	2.86		42.86			跨越区			62.50	6.25
	先行区	1.33	2.67	2.00	14.00		5.71	4.29			先行区				25.00
先行区(北京/山东/天津)	滞后区				2.22				4.76	先行区(北京/天津)	滞后区				
	起步区										起步区				
	跨越区			4.44	6.67			4.76	9.52		跨越区				
	先行区			4.44	82.22			9.52	71.43		先行区				100.00

第三节　实证测度

一、有机旱作农业转型绩效的时空演变特征

（一）区域差异及结构分解

如图 11 - 1 所示，整体而言，2005 ~ 2020 年有机旱作农业省份转型绩效泰尔指数波动性上升，从 2005 年的 0.0486 上升至 2006 年的 0.1436，再降至 2020 年的 0.0590，表明中国有机旱作农业转型绩效的总体差异先增大后减小，最小差异出现在 2008 年，泰尔指数值为 0.0143，最大差异出现在 2006 年，泰尔指数值为 0.1436。从区域分解看，2005 ~ 2020 年地区内差异贡献率均在 70% 以上，2007 年和 2013 年贡献率最大，都达到了 95%，地区间差异贡献率则均小于 35%，除 2006 年最大为 32% 以外，其余年份都小于 30%，说明地区内差异是导致有机旱作农业总体趋于差异的主要原因。

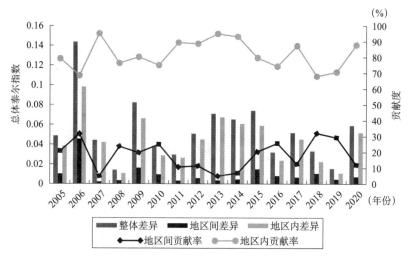

图 11 - 1　2005 ~ 2020 年有机旱作农业转型绩效泰尔指数

资料来源：笔者自绘。

如图 11 - 2 所示，具体来看，对地区内差异泰尔指数作出分解后能够得出，2005 ~ 2018 年东北、华北、华东、西北和中南地区转型绩效泰尔指数的平均值分别为 0. 0083、0. 0055、0. 0173、0. 0073 和 0. 0247。

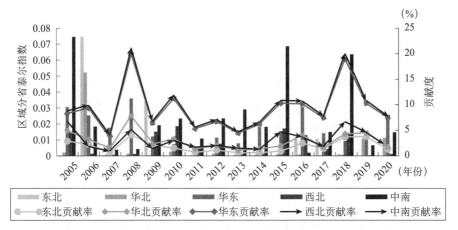

图 11 - 2　有机旱作农业转型绩效泰尔指数及结构分解

资料来源：笔者自绘。

此外，东北、华北、华东、西北和中南地区对总体差异贡献率的均值分别为 1. 88%、2. 95%、9. 15%、3. 06% 和 9. 67%，东北、华北、西北呈明显的波动下降趋势，华东中南地区的贡献率均值在 9% 以上，华东和中南地区是导致总体差异的最主要来源，华北和西北地区次之，东北地区在总体差异中的贡献率最小。

（二）空间分布特征

以有机旱作农业省份转型绩效的平均值为标准，将其划分为四种等级。从整体上看，2005 ~ 2020 年有机旱作农业转型绩效总体水平较高，以跨越区为主，北京、天津、山东 3 个省份为先行区。中国有机旱作农业转型绩效在滞后区、起步区、跨越区及先行区中不断变动发展。分时间来看，2005 ~ 2012 年有机旱作农业转型绩效与整体效果一致，滞后区仅有甘肃和陕西 2 个省份，起步区仅有青海 1 个省份；其中，滞后区和起步区是相邻省份而分布，并在跨越区周围环绕分布。2013 ~ 2020 年有机旱作农业转型绩效下降较为明显，起步区数量占据优势，并形成了集聚分布态势，主要分布在新疆和内蒙古—东北一带；与此同时，跨越区和先行区的数量进一步减少，其中，滞后区主要分布在甘肃、宁夏、青海3个省份，起步区空间范围较为广泛，跨越区主要分布在东部沿海，并依先行区而分布。

（三）动态转移特征

有机旱作农业区域转型绩效整体可以分为滞后区、起步区、跨越区和先行区（如表11-1所示）。总体来看，除先行区以外，各等级区域对角线上的概率值高于非对角线上的概率值，说明各省份转型绩效相对比较稳定，内部流动性较强，但保持初始状态的概率较大。在状态转移概率矩阵中，有机旱作农业转型绩效的状态转移主要趋向于跨越区，其次是起步区，向滞后区和先行区状态转移的概率较小。有机旱作农业转型绩效的状态转移通常发生在相邻等级之间，较少出现"跳跃式"转移现象。非对角线上的数字在对角线两侧分布，集中分布于对角线上方，说明转型绩效具有向高等级类型转移的可能性，但在2005～2012年，跨越区向低类型转移的趋势强于向高等级类型转移，并且有机旱作农业转型绩效的转移趋势存在一定的"路径依赖"，具有长期性和持续性特征，较难实现跨越式发展。有机旱作农业转型绩效的状态转移过程中表现出强烈的空间邻近性。相邻省份转型绩效类型不同，则存在不同的转移概率，一般来说，相邻省份转型绩效越高，该省份向上转移的概率越大，相邻省份转型绩效越低，该省份向下转移的概率越大，这说明，有机旱作农业省份转型发展与相邻省份转型绩效类型具有明显的关联特征。

二、有机旱作农业区域转型对碳排放的影响

（一）空间相关性检验

在对有机旱作农业区域转型和碳排放进行空间计量分析前，本章首先采用单变量 Moran's I 指数对有机旱作农业区转型绩效（TRA）和碳排放（EMI）之间的空间相关性进行分析，并计算出有机旱作农业区转型绩效

与碳排放的双变量 Moran's I 值，探索两者间的空间关联特征，如表 11 – 2
所示。有机旱作农业区转型绩效的 Moran's I 值在 0.270 ~ 0.634 波动上升，
并且所有年份均在 1% 的水平上显著，具有较强的空间集聚性，说明转型
绩效较高的区域在空间上趋于邻近，较低区域空间上也相邻。有机旱作农
业区碳排放的 Moran's I 值变化趋势不明显，说明有机旱作农业区碳排放同
样具有较强的空间集聚性。从转型绩效与碳排放的双变量 Moran's I 值来
看，虽然有部分年份不显著，但整体上仍显著为正，这说明有机旱作农业
区转型绩效与碳排放之间存在显著的空间集聚与依赖特征，邻近省份彼此
相互影响，集群化特征显著。

表 11 – 2　　　　　　　　　Moran's I 统计量检验结果

年份	TRA	EMI	年份	TRA	EMI
2005	0.439 ***	0.346 ***	2013	0.440 ***	0.250 ***
2006	0.450 ***	0.348 ***	2014	0.420 ***	0.214 ***
2007	0.438 ***	0.332 ***	2015	0.634 ***	0.201
2008	0.540 ***	0.323 ***	2016	0.386 ***	0.200
2009	0.476 ***	0.318 ***	2017	0.396 ***	0.199
2010	0.322 ***	0.306 ***	2018	0.270 ***	0.187
2011	0.434 ***	0.290 ***	2019	0.469 ***	0.178
2012	0.384 ***	0.264 ***	2020	0.303 ***	0.183

注：*、**、*** 分别表示 10%、5%、1% 的水平上显著。

（二）参数估计与结果分析

经检验，本章采用面板 FE 模型进行基本回归，并通过内生性检验和
稳健性检验对研究结论的可靠性进行验证，进而采用空间杜宾模型分析空间
溢出效应，模型基础估计结果如表 11 –3 所示。在内生性检验模型中，AR
（1）检验结果为 –1.99（P = 0.046），AR（2）检验结果为 0.90（P = 0.366）；
Hansen 检验结果为 5.60（P = 1.000）。在非空间计量模型（面板 FE、内生
性、稳健性）中的 cons 表示常数项，在空间计量模型中的 rho 表示空间滞
后项。

表 11 - 3　　　　　　　　　　　　　　　　**模型基础估计结果**

变量	面板 FE 模型	内生性检验	稳健性检验		空间杜宾模型	
	lnEMI	lnEMI	lnCOG	lnEMI	Main	W * X
TRA	- 2. 022 ***	- 2. 022	- 0. 490 *	- 0. 424 *	- 0. 309 ***	- 0. 005
	(- 6. 55)	(- 2. 02)	(- 1. 84)	(1. 83)	(- 3. 93)	(- 0. 03)
GOV	3. 496 ***	3. 496	0. 230	0. 859 **	0. 0121	0. 268
	(- 6. 92)	(3. 50)	(1. 06)	(2. 66)	(0. 08)	(0. 69)
POP	0. 000 ***	0. 000 ***	- 0. 000 **	- 0. 000 *	- 0. 000 ***	- 0. 001 **
	(11. 97)	(0. 00)	(- 2. 53)	(- 2. 03)	(- 6. 01)	(- 2. 50)
ENR	123. 166 *	123. 166	27. 538	113. 670 *	42. 268 **	312. 711 ***
	(- 1. 91)	(123. 17)	(0. 49)	(2. 09)	(2. 22)	(4. 47)
INF	0. 038 *	0. 038 **	0. 027 **	0. 027	0. 015	- 0. 064 ***
	(- 1. 93)	(0. 04)	(2. 25)	(1. 62)	(1. 38)	(- 4. 57)
SIZ	- 65. 310 ***	- 65. 310	9. 354	0. 940	- 3. 203	- 72. 095 ***
	(- 10. 11)	(- 65. 31)	(1. 74)	(0. 12)	(- 1. 36)	(- 10. 56)
cons/rho	6. 668 ***	6. 668	8. 563 ***	6. 138 ***	- 0. 742 ***	
	(20. 91)	(6. 67)	(14. 15)	(7. 2)	(- 4. 08)	
N/个	240	210	240	240	240	
R^2	0. 44	0. 00	0. 43	0. 54	0. 68	

注：* 、** 、*** 分别表示 10% 、5% 、1% 的水平上显著。括号内为 t 值。

1. 面板固定效应

先使用面板固定效应模型作为基础模型进行分析。有机旱作农业转型绩效对碳排放的影响显著为负，说明有机旱作农业的转型绩效能够减少碳排放量，有机旱作农业省份的经济、社会和生态转型具有显著的节能减排效应。

2. 内生性检验

为进一步缓解遗漏变量和逆向因果关系导致的内生性问题，本章对模型进行内生性检验（如表 11 - 4 所示）。考虑存在异方差的情况下，GMM 依然是稳健且最优的。使用差分 GMM 模型进行估计，假设扰动项不存在自相关，并将转型绩效滞后一阶作为工具变量。得到 AR（1）的 p 值 = 0.777 > 0.05，拒绝原假设，认为扰动项存在一阶自相关。作为一致估计，差分 GMM 成立的前提是扰动项不存在自相关，Arellano - Bond 检验结果显示，扰动项差分均不存在自相关，差分 GMM 估计量一致性较好，说明有机旱作农业转型绩效对碳排放存在抑制效应这一结论依然成立。

表 11 – 4　　　　　　　　　　　　模型基础估计结果

次数（Order）	Z 值	可能性（Prob > z）
1	– 0. 214 38	0. 830 3
2	– 0. 101 31	0. 919 3

3. 稳健性检验

内生性检验在一定程度上说明了模型的稳健性，本章进一步采用替换解释变量和对解释变量缩尾处理的方式进一步对模型的稳健性进行检验。首先，将被解释变量替换为碳强度，结果显示，有机旱作农业转型绩效仍然在 10% 的水平上显著为负，说明省份转型有利于碳减排的结论是可靠的。进一步考虑排除极端值的影响，对被解释变量碳排放水平做两端 1% 的缩尾处理。数据显示，原结果仍可信，本章结果具有较强的稳健性，表明有机旱作农业转型确实存在碳减排效应。

4. 空间杜宾模型

为进一步探讨有机旱作农业转型绩效对碳排放的空间效应，本章使用空间计量模型对原模型进行拓展（如表 11 – 5 所示）。首先，LM lag 和 LM error 均通过显著性检验，拉格朗日乘数和滞后因子 p 值均远小于 0.05，认为模型存在空间自相关。此外，由 Wald 检验及 LR 检验均通过了显著性检验可知，SDM 模型不可简化为 SLM 模型或 SEM 模型。最后，Hausman 检验结果中，统计量为负，对方差和协方差矩阵进行修正，修正后估计量 p 值无限接近于 0，不存在随机效应，本章最终确定固定效应模型的有效性。由空间杜宾模型结果可知，rho 即被解释变量的空间滞后项系数显著为负，认为有机旱作农业碳排放对邻近地区具有显著的正向溢出效应，有机旱作农业转型绩效对碳排放呈显著的负向影响，但其空间滞后项系数在整体转型绩效水平上不显著。考虑后面进一步通过省份分类和绩效分区等探讨有机旱作农业转型对碳排放更细分环节下的影响。原因主要是：一方面，有机旱作农业转型发展将有利于冲破传统农业的桎梏，促进农业产业链纵向延伸和高质量发展，尤其是产业结构绿色化发展，促进农业投入要素组合合理开发与利用，降低对生态环境的压力，减少碳排放；另一方面，有机旱作农业转型发展是一项集合经济效应、社会生活与生态环境转型的综合过程，能够促进社会功能完善，培养全社会形成良好的环保理念，农户从生产上改进种植技术，减少了污染排放，消费者从生活上践行节能减排措施，这些都有助于抑制农业碳排放增加。

表 11 - 5　　　　　　　　　　空间杜宾模型基础估计结果

Test	统计值	自由度	P 值
空间误差			
拉格朗日乘数统计值	14. 369	1	0. 000
拉格朗日乘数稳健统计值	22. 708	1	0. 000
空间滞后		1	
拉格朗日乘数统计值	3. 826	1	0. 050
拉格朗日乘数稳健统计值	12. 165	1	0. 000

从控制变量来看，政府干预对碳排放的影响不显著，说明政府干预对有机旱作农业的宏观调控作用并没有显著增加碳排放。但过度的干预政策可能导致市场的资源配置性降低，出现资源错配而致使碳排放增加。人口规模对碳排放均存在负向显著影响，主要考虑人口增长的规模递减效应，当人口规模达到一定程度时，人均碳排放相对减小。基础设施对碳排放的影响为正，但不显著，原因是当前有机旱作农业基础设施水平正处在增长阶段时，可能会破坏原有的生态系统而导致碳排放增加。市场规模对碳排放的影响为负，说明良好的市场经济能够吸引人才集聚，进而形成知识技术溢出效应，发挥一定的碳减排效应。

（三）异质性分析

探究有机旱作农业区域转型在不同发展阶段和不同空间区位下碳减排效应的异质性特征。其中，发展阶段以中间年份即 2013 年的阶段表现为基准进行分区，空间区位以国家标准进行划分。

1. 对有机旱作农业区的不同发展阶段

依托前述研究，15 个有机旱作农业省份分为滞后区、起步区、跨越区和先行区。其中处于滞后区的省份包括甘肃、宁夏、青海，处于起步区的省份包括黑龙江、吉林、内蒙古、山西、陕西、新疆，处于跨越区的省份包括河北、河南、辽宁、山东，处于先行区的省份包括北京和天津。由于先行区省份数量过少，无法使用空间计量模型，故这里仅检验滞后区、起步区和跨越区的 SDM 结果。异质性分析结果如表 11 -6 所示。

表 11 - 6　　异质性分析结果

变量	不同发展阶段			不同空间区位			不同时间阶段	
	滞后区	起步区	跨越区	华北	东北	西北	2005~2013 年	2014~2020 年
TRA	0.319 ** (2.11)	-0.036 (-0.57)	-0.019 (-0.07)	-0.252 *** (-3.74)	0.292 * (1.75)	-0.034 (-0.18)	0.05 (1.489)	-2.59 *** (-113.376)
W×TRA	-0.407 *** (-2.87)	-0.039 (-0.38)	-0.049 (-0.16)	-0.376 *** (-2.85)	-0.278 * (-1.66)	0.0133 (0.006)	—	—
控制变量	是	是	是	是	是	是	是	是
rho	-0.149 (-1.09)	0.006(0.04)	-0.593 *** (-3.51)	-0.616 *** (-4.83)	-0.033 (-0.24)	0.161(1.08)	20.29 (314.22)	436.505 (18.83)
N/个	48	96	64	80	48	80	210	105
R²	0.957	0.944	0.710	0.808	0.977	0.925	0.537	0.436

注：*、**、*** 分别表示 10%、5%、1% 的水平上显著。

从整体碳排放的空间效应来看，跨越区省份的 rho 系数显著为负，处于跨越区的省份碳排放量对邻近地区具有显著的正向溢出效应。滞后区有机旱作农业的转型发展对本地碳排放存在显著正向影响，对邻近省份的碳排放影响显著为正，可能是因为滞后区各方面均处于初期发展阶段，发展潜力大，其主要发展方向和重点任务完善上下游基础设施建设，在发展农业的过程中为保障人们的基本粮食需求，化肥、农药等农业投入要素过多，滞后区的农业有机旱作转型会增大本省碳排放量。但由于转型和经济发展的需要，承接了邻近省份的农业和工业发展，进而促进邻近省份资源加工和利用水平提高，推进新型城镇化建设，推动战略性新兴产业布局，促进邻近省份转型发展，因此，具有显著的碳减排效应。起步区省份转型发展对碳排放的影响不显著，可能是因为起步区省份在推动经济发展过程中生态环境严峻，面临比较严重的人才和资金短缺问题，完善的有机旱作农业转型体系还需要进一步建立，农业转型发展还不足以显著发挥出碳减排效应。跨区域省份转型发展对本地区和邻近城市碳排放均影响不显著，究其原因，可能是因为跨区域省份的经济增长主要依靠第三产业，质量和效益是此类省份的发展方向和重点，传统农业发展占比少，对邻近的带动作用小，农业碳减排效应不显著。

2. 对不同区位的省份

针对华北、东北和西北三个区域分别探讨有机旱作农业省份转型对碳排放的影响。华北地区省份的有机旱作农业转型显著抑制了本地区和邻近省份的碳排放。东北地区的有机旱作农业转型显著增加了本地区碳排放的增加，但显著抑制了邻近省份碳排放，西北地区对本地区和邻近地区的碳减排效应均不显著。可能是因为华北地区农业转型较少，北京、天津具有明显的创新资源优势，集聚大量创新人才和创新资本，对区域内的农业转型发展具有强大的带动作用，碳减排效应明显。东北地区作为我国的传统和稳定的商品粮基地，也是我国最大的商品粮基地，为邻近省份乃至全国粮食供应作出巨大的贡献，有机旱作农业发展规模大，一定程度上减少了邻近省份农业要素投入，对邻近省份具有显著碳减排效应。西北地区传统农业分布广泛，有机旱作农业占比较少，加之农业发展条件较差，发展农业过程中产生的资源消耗可能也比较大，导致有机旱作农业转型发展对本阶段碳排放的抑制作用不明显。

3. 对不同时间阶段的省份

考虑到时间发展阶段的不同，本书以 2013 年为分界点，2013 年之前有机旱作农业转型对碳排放的影响不显著，2013 年之后整体上各省份的转型绩效能够显著降低本地碳排放。2005～2013 年，我国由经济积累向增长速度换挡期、结构调整阵痛期和前期刺激政策消化期"三期叠加"阶段转变，有机旱作农业发展处于起步阶段，主要以发展旱地农业，有机旱作农业的转型绩效水平较低，尚处在依赖传统旱作农业发展的阶段，面临着经济发展与环境污染的双重压力，因此，有机旱作农业转型发展尚不具有显著的碳减排效应。2012 年，党的十八大报告指出，加快发展现代农业，增强农业综合生产能力，确保国家粮食安全和重要农产品有效供给。国家大力支持现代农业的发展，各地政府为推进现代农业发展，对有机旱作农业和企业实施补贴优惠政策，吸引大量的创新人才集聚，能够从经济产业、社会生活和生态环境方面发挥明显的碳减排效应。

（四）农业省份转型效果分解

从经济产业转型，有机旱作农业的经济产业转型和生态环境方面进行分析农业省份转型效果，如表 11－7 所示。

表 11－7　　　　　　　　有机旱作农业省份转型的作用分解

变量	经济产业转型		社会生活转型		生态环境转型	
	Main	Wx	Main	Wx	Main	Wx
TRA	0.329 (0.91)	0.073 (0.06)	－2.559 *** (－5.92)	－5.283 *** (－2.67)	－0.394 (－0.98)	－0.249 (－0.49)
GOV	0.055 (0.34)	0.453 (1.14)	－0.090 (－0.60)	0.390 (1.10)	0.016 (0.10)	0.204 (0.50)
POP	－0.001 *** (－6.36)	－0.001 *** (－3.10)	－0.001 *** (－5.10)	－0.001 *** (－2.17)	－0.001 *** (－6.19)	－0.001 *** (－2.62)
ENR	41.558 ** (2.11)	390.727 *** (5.82)	65.280 *** (3.60)	465.918 *** (7.14)	43.040 ** (2.13)	327.269 *** (4.45)
INF	0.029 *** (2.76)	－0.074 *** (－5.27)	0.017 * (1.75)	－0.0024 (－0.10)	0.0245972 ** (2.28)	－0.080 *** (－5.43)
SIZ	－3.054 (－1.26)	－71.476 *** (－9.98)	－3.294 (－1.48)	－77.055 *** (－11.37)	－3.548 (－1.47)	－72.782 *** (－10.17)

续表

变量	经济产业转型		社会生活转型		生态环境转型	
	Main	Wx	Main	Wx	Main	Wx
控制变量	是		是		是	
rho	− 0.749 *** (− 3.97)		− 1.030 *** (− 5.68)		− 0.753 *** (− 4.05)	
R²	0.653		0.695		0.661	

注：*、**、*** 分别表示10%、5%、1%的水平上显著。

转型绩效对碳排放影响不具有显著性。一方面，可能是因为经济产业转型是碳排放的重要影响因素，在经济产业转型过程中，产业均衡性发展、合理配置和可持续发展等问题没有得到解决；另一方面，行业和企业面临新一轮科技革命和产业变革的挑战，技术创新和技术改造面临困难，未能有效降低城市碳排放。从社会生活转型来看，社会生活转型发展能够显著降低本地区和邻近城市碳排放，这表明，伴随着居民生活水平提升，对优质公共服务和生活环境的需求更高，同时居民逐步改变以往的消费观念，低碳消费意识随之增强，从而减少了生活消费碳排放，居民素质提升效应发挥出明显的碳减排效应，推动城市绿色低碳发展。从生态环境转型角度来看，生态环境转型发展对本地区和邻近省份的碳排放抑制作用不明显，原因可能是在生态转型过程中环保产业、循环经济和低碳经济的推动较为缓慢，新型农业的增长潜力、有机旱作农业的承载能力未发挥出明显的碳减排效应。

第四节　对策建议

首先，有机旱作农业转型绩效先上升后下降、整体呈上升趋势，与此对应的是区域差异呈波动上升趋势。地区内差异是导致有机旱作农业总体趋于差异的主要原因，华东和中南地区是导致总体差异的最主要来源，华北和西北地区次之，东北地区在总体差异中的贡献率最小。有机旱作农业转型绩效存在明显的空间分异特征，在滞后区、起步区、跨越区中变动发展，多数省份转型绩效上升跃迁明显。

其次，有机旱作农业转型绩效在不同时期存在状态转移的可能性，主要趋向于跨越区，其次是起步区，各省份转型绩效相对比较稳定，内部流动性较强，但保持初始状态的概率较大，有机旱作农业转型绩效的状态转移通常发生在相邻等级之间，较少出现"跳跃式"转移现象，并且具有长期性和持续性特征，较难实现跨越式发展，有机旱作农业省份转型发展与相邻省份转型绩效类型具有明显的关联特征。

最后，有机旱作农业转型具有明显的碳减排效应，显著降低了碳排放，并且有机旱作农业转型存在明显的空间溢出效应。滞后区农业转型发展对其邻近地区具有显著的碳减排效应，华北地区的转型绩效对本地区碳排放存在显著负向影响的同时，对相邻省份碳排放也存在显著抑制作用。东北地区农业转型发展显著抑制了邻近地区碳排放。2013 年之后，有机旱作农业发展对地区具有显著的碳减排效应，社会生活转型发展能够显著降低本地区省份的碳排放。

因此，有机旱作农业是一种环保、健康、高品质的农业生产方式，是推动农业高质量发展和低碳发展的重要途径。为了促进有机旱作农业的发展，需要从生产立体和生产关系立体等方面进行分析，探讨促进有机旱作农业发展的高质量发展和低碳发展的启示。

1. 完善经济发展考核体系，推动有机旱作农业生产立体化

一方面，通过优化农业生产方式、提高农业生产效率、提高农产品品质等手段，实现农业生产立体化。推广新型农业机械设备，有机旱作农业的推广需要大量的劳动力，为了提高农业生产效率，可以推广新型农业机械设备，如智能化、自动化农业机械设备，提高农业生产效率。另一方面，有机旱作农业的推广需要科技创新的支持，需要加强科技创新，开发适应有机旱作农业的新技术、新品种，提高农业生产效率和产品品质。有机旱作农业的生产立体化需要实现农业生态化，如推广生态养殖、生态种植等农业生产方式，保护生态环境，提高农产品品质。

2. 因地制宜引导各省份有机旱作农业转型，推进生产关系立体化

就不同生产条件省份而言，要考虑到生产条件差异，针对不同发展阶段有机旱作农业省份，要进一步推动滞后区和起步区省份有机旱作农业转

型绩效提升，持续推动跨越区向先行区省份转型发展，着力优化调整种植结构，推动农业转型升级，有条件地发展高技术、现代化农业，促进经济发展提质增效。针对不同空间区位有机旱作农业省份，华北地区城市要合理利用区位优势和知识创新发挥对东北和西北的带动辐射作用，西北省份要在国家政策倾斜力度上进一步发挥西部大开发，实现西部大力发展。

3. 通过调整农业生产关系、优化农业资源配置、改善农民收入等手段，实现农业生产关系立体化

一方面，加强农业政策支持，可以通过加强农业政策支持，如财政补贴、农村信贷等手段，支持有机旱作农业的发展，提高农民收入。推行农业合作社，有机旱作农业的生产关系立体化需要推行农业合作社，通过合作社的组织形式，调整农业生产关系，实现农民利益最大化，提高农业生产效率。有机旱作农业的生产关系立体化需要实施土地流转，通过土地流转的方式，优化农业资源配置，提高农业生产效率，实现农民收入的增加。另一方面，有机旱作农业转型发展的碳减排效应主要来自社会生活转型，通过结构调整策略，改造提升传统农业，促进农业现代化，降低农业对化学要素的依赖性。实行绿色农业策略，加强生态重建和环境保护，建立农业绿色生态系统，大力推进生态转型。

第十二章 乡村振兴产业富民中农户行为的采纳逻辑

第一节 产业富民中的农户采纳行为逻辑

乡村振兴20字方针，产业兴旺是第一位的，也是实现乡村振兴的基础。《中华人民共和国乡村振兴促进法》的通过与实施标志着中国乡村振兴"四梁八柱"法律层面保障已经基本完成，乡村振兴要开展促进乡村产业振兴、人才振兴、文化振兴、生态振兴、组织振兴，推进城乡融合发展等活动（叶兴庆，2021）。本章基于"美丽中国"生态文明建设科技工程中国科学院战略先导科技专项扶贫富民路径提升关键技术与示范典型案例点山西省原平市产业富民路径，剖析农户行为逻辑链条，探索产业富民机制，为乡村振兴产业富民提供有益启示。

国内学者对乡村产业的研究较为丰富，但多数研究都聚焦在产业对农户的增收带动效应方面（陈秧分和王国刚，2020），对于农户在富民产业的采纳行为研究相对较少。已有研究多聚焦在生产技术或者产业融合模式的采纳中，聚焦在清洁生产技术（刘继文和良警宇，2021）、生态农业模式以及农业经营主体技术采纳等方面研究。鲜有文献探讨农户参与产业富民的具体行动逻辑，以及富民产业采纳背后的深层次原因（杨芳，2019），此外，以省定贫困市的富民产业作为调研对象探讨的研究也很少（曾维和咸鸣霞，2021）。基于此，本章尝试以"美丽中国"生态文明建设科技工程建设案例点为考察对象，深入阐释产业富民中的农户采纳行为逻辑。

一、乡村产业发展中的机遇与挑战

在乡村振兴过程中，产业富民针对的主体是农户，为此，农户对于富民产业的接受或者说采纳是评判产业能否实现富民目标的唯一标准。"乡村产业""产业兴旺"等一直是在乡村现代化进程中的热点议题，乡村发展的基础与前提就是实现产业兴旺，并能够实现产业富民，从全球乡村发展历程来看，唯有实现产业兴旺，才能破解城乡发展鸿沟。乡村产业理论是伴随着社会经济发展演化的，主要回答三个问题，即"生产什么""如何生产""为谁生产"的问题。乡村产业发展不是单纯的产业问题，更是相互作用的多种要素、资源等构成的组合体。对于乡村产业发展，当前学术界主要涌现出以下三个方向。一是发展的阶段论，乡村产业发展是存在时间效应的，随着时间推移，乡村产业发展经历了小农业向大农业概念的转变，实现了单功能农业向多功能农业的跃迁，这些转变与跃迁是与中国经济发展融合在一起的，在不同阶段，乡村产业发展的重点要与国家需求相适应。二是发展的空间论，乡村产业发展是存在空间效应的，随着空间差异，乡村产业发展需要与当地的资源禀赋密切结合，推动产业与空间发展状况相结合。三是发展的途径论，乡村产业发展是存在路径的，必须依据乡村实际情况，能够建立与当地的生产要素相适应的产业，探求乡村产业短板，实现质的飞跃。

乡村产业发展与产业富民之间的链路是一个复杂的、系统的工程。从实现途径来看，主要有两种。一是激活农户自身的"渴望"，变被动为主动，激活主体对于富民产业参与的积极性。有学者认为，农户对富民产业的渴望主要来源于收益的激励，需要从市场的手段来推动产品价格攀升。二是政策导向推动，依托政策手段强大的推动能力，采取补贴、政府购买等方式，推动农户参与富民产业。从实践途径来看，在实践中要采取内生动力和外生促进相结合的方式，学者指出，实现乡村振兴产业富民必须构建一个完整的框架体系，依托乡村振兴，推动政府、市场以及其他多方面因素共同发力。

二、产业富民中的社会网络与经济理性

社会网络是在中国特殊的历史积淀中形成的。费孝通在《乡土中国》中阐释了中国社会结构和社会关系，深刻地刻画了"差序格局"下的社会关系。依托"差序格局"基础，乡土中国中的社会网络不仅体现在血缘和宗族上，更反映在地缘和业缘关系上，其形成的网络的大小和范围与血缘关系、地缘范围、经济水平、知识水平等要素密切联系。中国是典型的关系型社会，社会网络中"血缘""地缘""业缘"会对产业富民产生重要影响，"血缘"网络主体之间的权利义务关系是由生育和婚姻关系建立的，产业富民中"子承父业"是这一网络最显著的特征；"地缘"网络是基于农户长期的社会集聚形成的人际网络，包括邻里关系、同乡关系以及在从事非农生产后形成的社会交往网络，产业富民中"地缘"网络在农业生产要素配置中发挥着至关重要的作用；"业缘"网络是在农户从事非农生产之后，由于空间流动或者职业转换，带来的社会认知、行为目标、社会资源等方面的改变，产业富民中"业缘"影响生产资源获取方式。

经济理性内嵌了市场、利润等概念，阐释了农户富民产业采纳的动机是追求利润最大化。农户行为属性争论中最具代表性的是关于生存理性和经济理性的争论，以詹姆斯·斯科特为代表的"生存理性"学派强调了小农户更加注重生存需要和"安全第一"的生存理性，以塞缪尔·波普金为代表的"经济理性"学派强调农户像企业一样是为了追求利益最大化，会按照市场规则积极参与市场。产业富民已经跳跃了"生存理性"的环节，农户采纳是为了获取更好的收入，"经济理性"更适合产业富民，农户在对富民产业采纳中遵循理性经纪人的假设，但是仍然面临着不同产业选择方案的排序。

第二节 案例描述*

　　原平市位于山西省忻州市境内，是县级市，全域面积2 560平方千米（其中建成区面积17.7平方千米），下辖7镇（同川镇、轩岗镇、崞阳镇、大牛店镇、苏龙口镇、闫庄镇、云水镇）、7乡（段家堡乡、沿沟乡、西镇乡、王家庄乡、子干乡、中阳乡、大林乡）、346个行政村、4个街道（新原街道、北城街道、南城街道、吉祥街道）、22个社区、1个省级经济技术开发区，全市常住人口为413 922人，是山西省首批转型综改和扩权强县"双试点"、省直管财政县，拥有"国家科技进步先进市""全国文化先进市""国家卫生城市"等国字号名片。2020年，全市地区生产总值146.6亿元，财政总收入15.7亿元，一般公共预算收入9.5亿元，城乡居民人均可支配收入分别为34 791元、12 968元。

　　原平市自然资源丰富，产业基础扎实，素有"东山摇钱树、西山聚宝盆、中间米粮川"的美誉。原平是山西重要的煤炭生产基地，年产能1 095万吨；是全国三大氧化铝生产基地，具备310万吨氧化铝生产规模；是全省电网南北联络的中心枢纽，年发电量91亿度；是全国最大的替代进口密封件生产基地，年产优质密封件1 200万套；是全国著名的酥梨生产基地；年产水果6万吨，其中酥梨4万吨；是"全国粮食生产先进市"，年产粮食35万吨以上。全市煤电铝、装备制造、节能环保、现代农业产业格局基本形成；"四能三气"（风能、太阳能、地热能、氢能；煤层气、生物质制气、煤矸石制气）的开发利用，开创出能源革命的崭新局面。省级经济技术开发区规划面积50平方千米，是国家火炬原平煤机配套装备特色产业基地、山西省新型工业化产业示范基地、山西省科技成果转化示范基地，形成现代煤化工、高端装备制造、新型环保三大主导产业。

　　2019年，原平市地区生产总值增长2%，乡村振兴迈出了坚实的步伐。全年粮食总量保持在7亿斤以上，涌现出一大批示范园以及新型经

---

　　* 案例资料由笔者根据原平市人民政府网络信息、原平市农业农村局网站信息以及作者调研问卷整理所得。

营主体，其中包括双惠现代农业示范园、王家庄乡聚满园示范园等，全市新型农业经营主体发展到 1 000 余个，农村居民人均可支配收入 12 074 元，增速明显高于 GDP 和城镇人均可支配收入增速，在共同富裕的道路上迈出了坚实的步伐。

一、样本选择与研究方法

本章选择山西省原平市进行案例分析，其农业产业发展是自然演化而来，未受到外界剧烈冲击，关于其产业富民农户采纳行为的研究对于乡村振兴产业兴旺具有重要支撑意义。案例选择有以下三个方面考虑。一是代表性。原平市从中华人民共和国成立发展至今，农业产业发展经历了多次转型，其转型背后是中国乡村产业振兴的缩影，20 世纪 90 年代，原平市形成了远近闻名的酥梨生产基地，其农业产业发展的多样性便于开展案例研究。二是可研究性。原平市从全国产量大县到乡村振兴产业富民架构初现，在产业富民中形成了多元化产业体系，且自 2000 年开始，产业富民方式出现了明显的内部化竞争趋势，为案例开展提供了必要的产业基础。三是研究可行。笔者依托"美丽中国"生态文明建设科技工程建设案例点，多次深入原平市政府、企业、农场、农户等，梳理了产业富民及演化第一手资料。获取了 3 轮调查问卷数据，并收集了自中华人民共和国成立以来能够获取到的资料，为研究开展提供了必要的数据基础。本研究案例分析法从多视角多产业对单一案例进行规律总结和分析，探索山西省原平市富民产业发展中形成的独特结构与运作机制，并进行理论总结与思考。

二、产业富民历程及遭遇的挑战

中华人民共和国成立以来，原平市富民产业经历了以"粮食种植为主—大面积林果种植—多业种植为主—多样化业态拓展"的发展道路。1949 年至今，原平市历来都是粮食种植大市（县），"面朝黄土背朝天"是农业生产的真实写照，由于黄土高原独特的干旱性气候，形成了以玉米种植为主，多种杂粮为辅的粮食种植体系，2020 年农作物种植面积 91.2 万亩，其中粮食作物播种面积 85.53 万亩、籽粒玉米种植 66.7 万亩、高粱 2.66 万亩、马铃薯 2.98 万亩、大豆 1.76 万亩、谷子 8.03 万亩。[①] 随着农业现代化机械投入生产，加之灌溉等农业生产条件的改善，粮食产量逐年提高，粮食产业成为重要的富民产业，2006 年获得了"全国粮食生产先进市"的美誉。从 1995 年开始，随着日常生活对林果需求的激增，林果产品价格开始逐步攀升，加之国家退耕还林政策的"加持"，原平市林果业呈现了欣欣向荣的态势，原平酥梨成为享誉山西省的区域品牌，林果产业也成为重要的富民产业。2000 年，以王家庄、弓家庄为代表的新兴富民产业开始种植大棚蔬菜，并一直延续至今，这一阶段出现了辣椒、甜瓜等特色种植作物。2015 年以来，传统的农业种植逐步向加工业拓展，蒲公英种植、酸枣提炼等农产品加工业企业加入，富民产业朝着多样化业态拓展。

原平市富民产业发展遭遇的挑战较多。一是恶劣的自然条件，原平市常年干旱少雨，高山土地数量较多，灌溉设施无法覆盖全部土地，部分村镇 80% 以上的土地都无法灌溉，只能靠天吃饭，玉米作物单位面积产量在 1 000~1 500 斤，产量上升空间不大。二是农村劳动力老龄化、村庄空心化严重，这也是我国农村发展普遍现状，年轻劳动力多数外出从事非农劳动，愿意从事农业生产的多是"老""弱"，对于发展富民产业的积极性或者说渴望不是很大，再者这些农户对于新技术掌握的难度也较大。三是富民产业遭遇"剃头挑子一头热"，政府积极探索了富民产业以及一些新的产业业态，然而农户因为多种原因，参与积极性不高，富民产业的发展遭遇了瓶颈。

第三节　产业富民中农户采纳行为逻辑

通过对中华人民共和国成立以来原平市案例区发展历程梳理，本章发现了该市在产业富民农户采纳的主要途径。其中，富民产业的发展是乡村发展的综合体现，既包括乡村能人带动、乡村组织发展以及乡村环境整治

---

① 山西省统计年鉴，https://tjj.shanxi.gov.cn/sxsj-show/yearData。

等，反过来，产业发展又是实现乡村振兴的必备条件，经济基础决定上层建筑，本章对于产业富民农户采纳从经济理性和社会网络层面予以阐释。

一、产业富民中的经济理性

原平市产业富民农户采纳经济理性主要表现为市场理性、价格理性和自我需求理性。农户采纳行为经济理性经历了从市场理性到价格理性再到自我需求理性为主的变迁，经济理性包含农户意愿、农户行为与农户决策三个步骤。

从中华人民共和国成立到1978年，紧跟国家农业农村农民政策，如表12-1所示，原平市产业富民经历了1952年的土地改革，1953~1956年的社会主义改造，再到1978年安徽小岗村率先拉开家庭联产承包责任制，这一阶段的农业生产决策主要取决于国家需求，国家决策依托于市场理性，从市场供需出发决定当年的生产，主要生产粮食等农作物。1982年，中央承认"包产到户""包干到户"是社会主义的，彻底肯定了家庭联产承包责任制，从这个阶段开始，原平市农民也乘着改革开放的东风，在富民产业选择上能够拥有自己的决策，开始了基于价格理性的决策，但单一小农户无法掌握市场信息，农户多依托价格决策是否采纳富民产业。

表12-1　原平市产业富民中的经济理性（中华人民共和国成立至2012年）

时间	产业富民措施	产业富民机遇与挑战	经济理性表征
中华人民共和国成立后至20世纪70年代末	按照国家政策措施，经历了"老区土改""新区土改"，完成了土地改革，实现了耕者有其田	土地本底贫瘠，产量低下；平均地权无法改变小农经济状况，规避农村社会分化	国家决策、市场理性
	初级合作社和高级合作社夯实了集体土地产权结构	有利于分工分业和扩大再生产，实现规模生产；产权的失位导致农民激励不足，搭便车集体行动逻辑强化并且日趋严重	国家决策、市场理性
	人民公社一定程度上强化了农民与劳动成果之间的分配关联性	农民收益权改善相对有限；收益权处置是无效率的	国家决策、市场理性

续表

时间	产业富民措施	产业富民机遇与挑战	经济理性表征
20世纪80年代初~2012年	家庭承包经营制度确立了包产到户、包干到户的富民根本制度	实现了产权结构中权能重新分配，为其他富民产业发展提供了可能性	小农户决策、价格理性
2012年至今	"三权分置"开启富民新篇章，多种经营主体蓬勃发展	解决了土地所有权、承包权和经营权分离问题；土地撂荒，无人种地	多主体复杂决策

2012年之后，原平市产业富民出现了质的变化，从小农户单一主体向包括家庭农场和合作社多主体迈进，2020年，原平市种植大户228个，合作社1 593个，农业企业25个，购销组织及大户4个。多元主体在富民产业采纳中特征呈现差异化发展，以合作社、农业企业为主体的富民产业采纳行为表现为市场理性，随着互联网技术的发展，信息获取渠道的增加，市场信息出现了冗余。种植大户替代了小农户的角色，成为主要依靠价格理性做决策的主体，而小农户则成为自我需求理性的经纪人，也就是在农业生产过程中主要考虑自我需求，从而决策主要产业，如表12-2所示。

表12-2　　　　　　　多元主体复杂决策行为（2012年至今）

决策主体	决策意愿	决策行为	经济理性表征
小农户	保障自身需求前提下，实现利益最大化	对新鲜事物接受认可度低，新的富民产业参与度不高	自我需求理性、价格理性
家庭农场	实现利益最大化	采纳主要取决于决策者风险偏好，容易跟随	价格理性
合作社	实现社员利益最大化	采纳主要取决于决策者对于市场风向的把握，但受制于社员认知，不容易跟随	市场理性
农业企业	实现企业利益最大化	采纳主要取决于市场供需情况	市场理性

产业富民中经济理性行为有效地阐释了小农户、家庭农场、合作社以及农业企业在生产决策中的决策行为。原平市产业富民的经济理性表达中从市场理性、价格理性到自我需求理性，形成了独特的对产业富民采纳的路径。一是产业富民采纳行为的主要影响因素是市场信息获取，随着生产主体规模的扩大，其获取外部信息的途径也会增多，进而会影响其对于新鲜事物的接受程度。例如，原平市石鼓农业科技有限公司作为一家农业企

业，其创办之初的主营业务是小米加工，后逐步拓展业务，形成了甜玉米、糯玉米、荞麦、藜麦等生产线，打造成了有机旱作作物加工、销售产业一条龙。二是小农户生产更多关注自我需求，原平市小农户在高粱、小米等农作物生产中，多是为满足家庭需求。

二、产业富民农户采纳中的社会网络

社会网络也叫"人情面子"，是农村得以维持推进的重要网络。农户社会网络的形成较为简单，主要是在传统的、封闭的农业社会中逐步形成的，随着社会发展逐步拓展社会关系网络。在农户产业富民采纳中不是完全的经济人，会在行为决策中做出平衡与调节，在社会网络中的农户更加关注的是地位、感情、服务、信息、金钱等，网络机制替代市场机制，成为产业富民中的重要机制，社会网络成为原平市富民产业发展的有力推手。社会网络中血缘和地缘关系对产业富民采纳决策具有重要影响。原平市辣椒种植是传统的优势产业，从2000年左右开始种植，到2020年种植面积达到300亩左右，可以说，辣椒产业是盈利十分丰厚的产业，特别是自2015年以来，辣椒收成和价格均持续在高位水平，但其种植面积从50亩增加到300亩，主要种植为具有血缘关系的父子和邻近村民，种植技术门槛以及人工门槛较高是其无法作为富民产业大规模推广的主要原因。地缘关系主要体现在原平市高粱种植，原平市红高粱种植合作社是汾酒集团高粱种植定点基地，2020年种植面积2万亩，愿意从事种植的农户多为本合作社村民或者是邻村村民。

社会网络会对富民产业采纳产生影响，社会网络中"人情交换"过程就是农户社会网络构建的过程，搭建起的社会网络决定了农户不能是完全经济理性的，在化肥、种子等购买中，往往成为农户的"礼物"，买谁家的都是买，所以买一个社会关系亲近的往往成为农户最终决策。农户所承担的换取"关系资源"的社会网络关系支付的费用或者付出的代价越大，农户对富民产业的采纳水平或者认可程度越高。事实上，农户社会网络包括"日常性"的人情往来和"礼仪式"的人情往来，随着农村社会结构的变迁，农村居民由原来的同质性社会资本向异质性转变，原平市社会网络正在从以血缘和地缘为基础向以业缘为基础转变。

同时，也需要注意到，社会网络发挥正效应的同时，也排斥了社会网络外的农户。由于没有"门路"，农户虽然愿意采纳富民产业，但被排斥在外，加剧了农村两极分化，尤其是对于收入相对低下的农户，越容易受到社会网络的排斥，扩大收入差距，"拉关系"在制度缺失的农村环境中，产业富民成为部分农户寻求获得额外资源分配的途径，从而造成了官员寻租以及"非生产性努力"的恶性循环。

第四节　乡村振兴产业富民对策建议

产业富民是实现乡村振兴的最终目的，也是实现产业兴旺的必然结果，探求一条分区、分时、分地的产业富民道路是重要一环，然而探索出的产业富民路径能够得到农户的认可是迫切需要解决的难题。富民产业农户采纳是社会网络与经济理性的综合权衡。"一切为了利润"已经不是农户生产考虑的最重要因素，而老龄化、空心村等问题的出现，使越来越多的农户在决策过程中会偏好收益更加稳定的传统产业。在产业富民的过程中需要遵循以下三个方面的内容：产业富民中经济理性包括市场理性、价格理性与自我需求理性，基于山西省原平市案例区的考察发现，小农户在生产中倾向于自我需求理性，家庭需求成为最为核心的新产业采纳原因。围绕产业富民，在农户层面，社会网络所起到的作用要高于经济理性，对地位、感情、服务、信息、金钱的社会网络平衡在更深层面决定着农户对于富民产业的选择，进而驱动着农户从事新型富民产业。

在乡村振兴过程中，只有准确定位农户社会网络，才能激发农户对富民产业采纳的"渴望"，才能有针对性地实现产业富民，进而促进整个农村事业的发展。这要求尊重农户在现代产业发展中的主体地位，真正从农民"看得见、摸得着"的角度来形成富民产业。首先，为了提高农户对产业富民的认可度，一方面要从当地实际出发，切实了解能够带动产业升级的富民产业，大力发展与本地具有亲缘关系的产业，减少农户不认可带来的产业发展成本；另一方面应当加快完善富民产业配套政策措施，减轻富民产业发展的阻力。其次，产业富民应当注重结合社会网络，找寻产业富民中的链接节点，构筑产业富民示范节点，让网络节点农户做好示范与宣传。最后，要从农户出发，落脚到产业可持续发展上，不仅要能富民，更要能够长久，可持续发展，不断拓展产业富民盈利点与盈利空间。

参考文献

［1］安毅，高铁生．世界格局调整中各国确保粮食安全的贸易、流通与储备政策［J］．经济研究参考，2013（56）：3－29＋60.

［2］蔡育蓉，王立刚．北方典型农业生态系统的固碳减排路径及模式［J］．中国生态农业学报（中英文），2022，30（4）：641－650.

［3］曹宝明，刘婷，虞松波．中国粮食流通体制改革：目标、路径与重启［J］．农业经济问题，2018（12）：33－38.

［4］曹宝明，唐丽霞，胡冰川，等．全球粮食危机与中国粮食安全［J］．国际经济评论，2021（2）：9－21＋4.

［5］巢清尘．气候危机在即，气象服务价值如何体现［J］．可持续发展经济导刊，2021（8）：19－22.

［6］陈冲，吴炜聪．人口老龄化对农业技术进步的影响机制分析——基于 DEA-Malmquist 的技术评价与动态面板模型［J］．中国农业资源与区划，2021，42（1）：231－238.

［7］陈娥祥．基于 Hadoop 平台的数据挖掘算法应用研究［J］．渤海大学学报（自然科学版），2018，39（3）：274－280.

［8］陈建学，陈盛伟，牛浩．农业保险发展对农业碳排放的影响机制研究——基于行为改变视角的中介效应分析［J］．世界农业，2003（5）：91－103.

［9］陈美玲．中国农业生态效率及影响因素研究［J］．宿州学院学报，2019，34（2）：21－26.

［10］陈明星，程嘉梵，周园，等．碳中和的缘起、实现路径与关键科学问题：气候变化与可持续城市化［J］．自然资源学报，2022，37（5）：1233－1246.

［11］陈柔，何艳秋，朱思宇，等．我国农业碳排放双重性及其与经济发展的协调性研究［J］．软科学，2020，34（1）：132－138.

［12］陈秋分，刘玉，李裕瑞．中国乡村振兴背景下的农业发展状态与产业兴旺途径［J］．地理研究，2019，38（3）：632－642．

［13］陈秋分，王介勇，张凤荣，等．全球化与粮食安全新格局［J］．自然资源学报，2021，36（6）：1362－1380．

［14］陈悦，陈超美，刘则渊，等．CiteSpace 知识图谱的方法论功能［J］．科学学研究，2015，33（2）：242－253．

［15］陈志钢，毕洁颖，聂凤英，等．营养导向型的中国食物安全新愿景及政策建议［J］．中国农业科学，2019，52（18）：3097－3107．

［16］陈志钢，詹悦，张玉梅，等．新冠肺炎疫情对全球食物安全的影响及对策［J］．中国农村经济，2020（5）：2－12．

［17］陈志钢，周云逸，樊胜根．全球视角下的乡村振兴思考［J］．农业经济问题，2020（2）：87－96．

［18］成升魁，李云云，刘晓洁，等．关于新时代我国粮食安全观的思考［J］．自然资源学报，2018，33（6）：911－926．

［19］程翠云，任景明，王如松．我国农业生态效率的时空差异［J］．生态学报，2014，34：142－148．

［20］程国强，朱满德．新冠肺炎疫情冲击粮食安全：趋势、影响与应对［J］．中国农村经济，2020（5）：13－20．

［21］初侨，燕艳华，翟明普，等．现代农业全产业链标准体系发展路径与对策研究［J］．中国工程科学，2021，23（3）：8－15．

［22］戴波．资源观对资源开发利用政策的影响［J］．云南民族大学学报：哲学社会科学版，2010，27（6）：25－29．

［23］邓淇中，张玲．长江经济带水资源绿色效率时空演变特征及其影响因素［J］．资源科学，2022，44（2）：247－260．

［24］邓祥征，丹利，叶谦，等．碳排放和减碳的社会经济代价研究进展与方法探究［J］．地球信息科学学报，2018，20（4）：405－413．

［25］邓祥征，金贵，何书金，等．发展地理学研究进展与展望［J］．地理学报，2020，75（2）：226－239．

［26］杜志雄，高鸣，韩磊．供给侧进口端变化对中国粮食安全的影响

研究［J］．中国农村经济，2021（1）：15－30．

［27］杜志雄，韩磊．供给侧生产端变化对中国粮食安全的影响研究［J］．中国农村经济，2020（4）：2－14．

［28］樊胜根．借鉴国际经验防范疫情带来的食物安全问题［N］．中国科学报，2020－03－03（003）．

［29］方李莉．"后农业社会"：一个中国可能率先进入的发展模式［J］．山东大学学报（哲学社会科学版），2022（1）：39－51．

［30］方师乐，卫龙宝，伍骏骞．农业机械化的空间溢出效应及其分布规律——农机跨区服务的视角［J］．管理世界，2017：65－78＋187－188．

［31］冯贺霞，王小林．基于六次产业理论的农村产业融合发展机制研究——对新型经营主体的微观数据和案例分析［J］．农业经济问题，2020（9）：64－76．

［32］高静，王志章．改革开放40年：中国乡村文化的变迁逻辑、振兴路径与制度构建［J］．农业经济问题，2019（3）：49－60．

［33］高鸣，宋洪远．粮食生产技术效率的空间收敛及功能区差异——兼论技术扩散的空间涟漪效应［J］．管理世界，2014：83－92．

［34］高群，曾明．全球化与能源化双重视角下的国内粮食安全研究［J］．江西社会科学，2018，38（11）：68－77．

［35］耿献辉，陈蓉蓉，严斌剑，等．中国农林经济管理研究70年变迁——基于文献计量学的可视化分析［J］．农业经济问题，2020（2）：40－53．

［36］顾善松，张蕙杰，赵将，等．新冠肺炎疫情下的全球农产品市场与贸易变化：问题与对策［J］．世界农业，2021（1）：11－19＋37．

［37］郭海红，盖凌云．中国农业碳效应时空分异及驱动机理研究［J］．宁夏社会科学，2021（5）：74－84．

［38］韩长赋．关于实施乡村振兴战略的几个问题［J］．农村工作通讯，2019（18）：12－19．

［39］韩峰，柯善咨．追踪我国制造业集聚的空间来源：基于马歇尔外部性与新经济地理的综合视角［J］．管理世界，2012：55－70．

［40］郝祖涛，冯兵，谢雄标，等．基于民生满意度的资源型城市转型绩效测度及群体差异研究——以湖北省黄石市为例［J］．自然资源学报，2017，32（8）：1298-1310.

［41］何晓霞，高维新，毛伟．农业技术进步对乡村振兴的影响研究：基于自组织理论［J］．世界农业，2022（4）：37-48.

［42］何秀荣．国家粮食安全治理体系和治理能力现代化［J］．中国农村经济，2020（6）：12-15.

［43］何银春，何淑微，曾斌丹．日本乡村振兴中空间商品化的实践及启示研究——以岐阜县白川村为例［J］．世界农业，2021（9）：68-75.

［44］贺立龙，刘丸源．巩固拓展脱贫攻坚成果同乡村振兴有效衔接的政治经济学研究［J］．政治经济学评论，2022，13（2）：110-146.

［45］侯孟阳，姚顺波．空间视角下中国农业生态效率的收敛性与分异特征［J］．中国人口·资源与环境，2019（29）：116-126.

［46］侯孟阳，姚顺波．中国农村劳动力转移对农业生态效率影响的空间溢出效应与门槛特征［J］．资源科学，2018（40）：2475-2486.

［47］胡高强，孙菲．新时代乡村产业富民的理论内涵、现实困境及应对路径［J］．山东社会科学，2021（9）：93-99.

［48］胡令，朱荣花．我国粮食安全评价指标体系的构建与实证研究［J］．江苏农业科学，2019，47（20）：316-322.

［49］胡中应．技术进步、技术效率与中国农业碳排放［J］．华东经济管理，2018，32（6）：100-105.

［50］黄大湖，丁士军．农业技术进步、空间效应与城乡收入差距——基于省级面板数据的分析［J］．中国农业资源与区划，2022，43（11）：239-248.

［51］黄建欢，方霞，黄必红．中国城市生态效率空间溢出的驱动机制：见贤思齐 VS 见劣自缓［J］．中国软科学，2018（3）：97-109.

［52］黄建欢，谢优男，余燕团．城市竞争、空间溢出与生态效率：高位压力和低位吸力的影响［J］．中国人口·资源与环境，2018，28（3）：1-12.

[53] 黄丽颖，王秉政，李潘坡. 乡村振兴战略下职业教育"校村企"融合发展研究 [J]. 教育与职业，2022 (6)：49-53.

[54] 黄宁钰. 温控2℃或1.5℃目标下中国二氧化碳减排研究 [D]. 天津：天津大学，2019.

[55] 黄少安. 从供求两侧考虑我国农业安全 [J]. 农业经济问题，2021 (8)：4-11.

[56] 黄燕，周买春，陈瑛. 中国与巴西农业碳排放动态变化及影响因素分析 [J]. 世界农业，2018 (6)：116-121.

[57] 霍丽丽，姚宗路，赵立欣，等. 秸秆综合利用减排固碳贡献与潜力研究 [J]. 农业机械学报，2022，53 (1)：349-359.

[58] 姜长云. 科学理解推进乡村振兴的重大战略导向 [J]. 管理世界，2018，34 (4)：17-24.

[59] 姜长云. 推进产业兴旺是实施乡村振兴战略的首要任务 [J]. 学术界，2018 (7)：5-14.

[60] 姜长云. 新发展格局、共同富裕与乡村产业振兴 [J]. 南京农业大学学报（社会科学版），2022，22 (1)：1-11+22.

[61] 蒋吉德，高超民. 乡村振兴背景下乡村特色产业发展研究 [J]. 山西农经，2019 (20)：2-6.

[62] 蒋为，龚思豪，李锡涛. 机器人冲击、资本体现式技术进步与制造业碳减排——理论分析及中国的经验证据 [J]. 中国工业经济，2022 (10)：24-42.

[63] 金书秦，林煜，牛坤玉. 以低碳带动农业绿色转型：中国农业碳排放特征及其减排路径 [J]. 改革，2021 (5)：29-37.

[64] 靖飞，王玉玺，宁明宇. 关于农作物种源"卡脖子"问题的思考 [J]. 农业经济问题，2021 (11)：55-65.

[65] 孔锋. 1.5℃温控目标背景下地球工程对中国不同区域气温影响的预估研究 [J]. 长江流域资源与环境，2020，29 (2)：511-525.

[66] 孔锋，薛澜，孙劭，等. 1.5℃温控目标下地球工程对中国气温影响的区域差异预估 [J]. 科学技术与工程，2019，19 (6)：285-297.

［67］黎杰松，蓝小金，覃丹萍，等．乡村振兴战略视域下乡村特色产业发展研究［J］．当代农村财经，2020（1）：50－54.

［68］李朝洪，孙丹，王志伟．大小兴安岭国有林区产业转型绩效的驱动与障碍因素诊断［J］．东北林业大学学报，2020，48（5）：133－138.

［69］李春顶，谢慧敏．新冠疫情与全球粮食安全［J］．世界知识，2020（14）：58－59.

［70］李福安．论公平与效率关系的本质规定［J］．湖北师范学院学报：哲学社会科学版，2005（6）：56－58，127.

［71］李劼，徐晋涛．我国农业低碳技术的减排潜力分析［J］．农业经济问题，2022（3）：117－135.

［72］李宁，何文剑，仇童伟，等．农地产权结构、生产要素效率与农业绩效［J］．管理世界，2017：44－62.

［73］李平，随洪光．三种自主创新能力与技术进步：基于 DEA 方法的经验分析［J］．世界经济，2008（2）：74－83.

［74］李阳，陈敏鹏．中国农业源甲烷和氧化亚氮排放的影响因素［J］．环境科学学报，2021，41（2）：710－717.

［75］李玉恒，阎佳玉，武文豪，等．世界乡村转型历程与可持续发展展望［J］．地理科学进展，2018，37（5）：627－635.

［76］梁晓霏．"净零"排放趋势下塑料循环经济前景分析［J］．石油化工技术与经济，2022，38（2）：1－8.

［77］廖开妍，杨锦秀，曾建霞．农业技术进步、粮食安全与农民收入——基于中国 31 个省份的面板数据分析［J］．农村经济，2020（4）：60－67.

［78］廖茂林，王国峰．黄河流域城市群经济增长与绿色发展水平脱钩研究［J］．城市发展研究，2021，28（3）：100－106.

［79］林文声，王志刚，王美阳．农地确权、要素配置与农业生产效率——基于中国劳动力动态调查的实证分析［J］．中国农村经济，2018：64－82.

［80］林志慧，刘宪锋，陈瑛，等．水—粮食—能源纽带关系研究进展

与展望 [J]. 地理学报, 2021, 76 (7): 1591 - 1604.

[81] 刘华军, 孙淑惠, 李超. 环境约束下中国化肥利用效率的空间差异及分布动态演进 [J]. 农业经济问题, 2019: 65 - 75.

[82] 刘进宝, 刘洪. 农业技术进步与农民农业收入增长弱相关性分析 [J]. 中国农村经济, 2004 (9): 26 - 30 + 37.

[83] 刘俊杰, 刘学舟. 农业绿色发展水平测度及提升路径研究——以珠江—西江经济带11市为例 [J]. 生态经济, 2022, 38 (1): 100 - 107 + 115.

[84] 刘立涛, 刘晓洁, 伦飞, 等. 全球气候变化下的中国粮食安全问题研究 [J]. 自然资源学报, 2018, 33 (6): 927 - 939.

[85] 刘晓玲. 习近平关于贫困治理重要论述的内涵与价值 [J]. 马克思主义研究, 2020 (12): 62 - 71.

[86] 刘彦随. 中国新时代城乡融合与乡村振兴 [J]. 地理学报, 2018, 73 (4): 637 - 650.

[87] 刘泽莹, 韩一军. 乡村振兴战略下粮食供给面临的困境与出路 [J]. 西北农林科技大学学报 (社会科学版), 2020, 20 (2): 10 - 18.

[88] 龙花楼, 屠爽爽. 论乡村重构 [J]. 地理学报, 2017, 72 (4): 563 - 576.

[89] 芦千文, 姜长云. 欧盟农业农村政策的演变及其对中国实施乡村振兴战略的启示 [J]. 中国农村经济, 2018 (10): 119 - 135.

[90] 罗必良. 疫情高发期的农业发展: 新挑战与新思维 [J]. 华中农业大学学报 (社会科学版), 2020 (3): 1 - 6, 168.

[91] 罗光强, 谭芳. 粮食生产效率的区域差异及其政策效应的异质性 [J]. 农林经济管理学报, 2020, 19 (1): 34 - 43.

[92] 罗海平, 邹楠, 潘柳欣, 等. 生态足迹视域下中国粮食主产区粮食生产安全态势的时空属性研究: 2007 - 2025 [J]. 江苏农业学报, 2019, 35 (6): 1468 - 1475.

[93] 罗平. 我国农村人口与资源、环境可持续发展的策略研究 [J]. 农业经济问题, 2020: 143.

[94] 罗斯炫, 何可, 张俊飚. 增产加剧污染? ——基于粮食主产区政

策的经验研究［J］. 中国农村经济, 2020 (1): 108 – 131.

［95］罗万纯. 中国粮食安全治理: 发展趋势、挑战及改进［J］. 中国农村经济, 2020 (12): 56 – 66.

［96］罗屹, 李轩复, 黄东, 等. 粮食损失研究进展和展望［J］. 自然资源学报, 2020, 35 (5): 1030 – 1042.

［97］罗知, 万广华, 张勋, 等. 兼顾效率与公平的城镇化: 理论模型与中国实证［J］. 经济研究, 2018, 53 (7): 89 – 105.

［98］马大来. 中国农业能源碳排放效率的空间异质性及其影响因素——基于空间面板数据模型的实证研究［J］. 资源开发与市场, 2018, 34 (12): 1693 – 1700 + 1765.

［99］马恩朴, 蔡建明, 林静, 等. 2000—2014 年全球粮食安全格局的时空演化及影响因素［J］. 地理学报, 2020, 75 (2): 332 – 347.

［100］马豪. 我国粮食主产区农业生态效率评价及影响因素研究［D］. 贵阳: 贵州财经大学, 2021.

［101］马鸿佳, 王亚婧. 大数据资源对制造企业数字化转型绩效的影响研究［J］. 科学学研究, 2024, 42 (1): 146 – 157 + 182.

［102］马九杰, 崔恒瑜. 农业保险发展的碳减排作用: 效应与机制［J］. 中国人口·资源与环境, 2021, 31 (10): 79 – 89.

［103］马克思, 恩格斯. 马克思恩格斯全集第四卷［M］. 北京: 人民出版社, 1995: 159.

［104］马克思. 资本论［M］. 北京: 人民出版社, 2004: 52 – 53.

［105］马希龙, 张小虎. 中国省域间粮食安全空间格局演化分析［J］. 江苏农业科学, 2020, 48 (2): 294 – 300.

［106］梅乐堂. 职业教育助力乡村振兴研究［J］. 教育与职业, 2022, (17): 40 – 43.

［107］聂雷, 王圆圆, 张静, 等. 资源型城市绿色转型绩效评价——来自中国 11 个地级市的检验［J］. 技术经济, 2022, 41 (4): 141 – 152.

［108］聂弯, 于法稳. 农业生态效率研究进展分析［J］. 中国生态农业学报, 2017, 25 (9): 1371 – 1380.

［109］潘丹，应瑞瑶．中国农业生态效率评价方法与实证——基于非期望产出的 SBM 模型分析［J］．生态学报，2013，33（12）：3837－3845.

［110］潘家华．中国碳中和的时间进程与战略路径［J］．财经智库，2021，6（4）：42－66＋141.

［111］秦昌波，李新，容冰，等．我国水环境安全形势与战略对策研究［J］．环境保护，2019，47（8）：20－23.

［112］秦晓楠，卢小丽，武春友．国内生态安全研究知识图谱——基于 Citespace 的计量分析［J］．生态学报，2014，34（13）：3693－3703.

［113］秦中春．乡村振兴背景下乡村治理的目标与实现途径［J］．管理世界，2020，36（2）：1－6，16＋213.

［114］任肇雯，汪家权，胡淑恒，等．江西省农业活动甲烷排放估算［J］．合肥工业大学学报（自然科学版），2019，42（11）：1551－1556.

［115］上官绪明．空间异质视阈下技术多维溢出、吸收能力与技术进步［J］．科学学与科学技术管理，2018，39：74－87.

［116］邵汉华，罗俊，王瑶．黄河流域城市水资源利用效率的时空分异及动态演进［J］．统计与决策，2022，38（14）：70－74.

［117］邵帅，范美婷，杨莉莉．经济结构调整、绿色技术进步与中国低碳转型发展——基于总体技术前沿和空间溢出效应视角的经验考察［J］．管理世界，2022，38（2）：46－69＋4－10.

［118］杨芳．社会网络对农户生产决策的影响研究［D］．重庆：西南大学，2019.

［119］沈贵银，孟祥海．如何推进脱贫攻坚与乡村振兴有效衔接——对江苏省盱眙县黄花塘镇调研的启示与建议［J］．农村经营管理，2019（11）：24－25.

［120］刘继文，良警宇．生活理性：民族特色产业扶贫中农村妇女的行动逻辑——基于贵州省册亨县"锦绣计划"项目的经验考察［J］．中国农村观察，2021（2）：15－27.

［121］舒晓波，冯维祥，廖富强，等．长江中游城市群农业生态效率时空演变及驱动因子研究［J］．水土保持研究，2022，29（1）：394－403.

［122］曾维和，咸鸣霞．衰落风险与村庄共同体治理——基于"金陵首富村"全面振兴的案例分析［J］．中国农村观察，2021（1）：22 – 39．

［123］司伟，张玉梅，樊胜根．从全球视角分析在新冠肺炎疫情下如何保障食物和营养安全［J］．农业经济问题，2020（3）：11 – 16．

［124］孙才志，孟程程．中国区域水资源系统韧性与效率的发展协调关系评价［J］．地理科学，2020，40（12）：2094 – 2104．

［125］孙倩，李晓云，杨志海，等．粮食与营养安全研究评述及展望［J］．自然资源学报，2019，34（8）：1782 – 1796．

［126］孙一琳．欧盟实现净零排放的"零成本"路径［J］．风能，2021（1）：60 – 63．

［127］孙振清，刘保留，李欢欢．1.5℃温控目标下我国避免碳陷阱、促进碳脱钩实践与展望［J］．青海社会科学，2019（6）：69 – 77．

［128］孙致陆，李先德．联合国可持续发展目标下的非洲粮食生产演变趋势与发展潜力分析［J］．中国农业大学学报，2020，25（2）：160 – 170．

［129］谭俊涛，张新林，刘雷，等．中国资源型城市转型绩效测度与评价［J］．经济地理，2020，40（7）：57 – 64．

［130］唐宇驰，万芳．全球化视角下我国谷物类粮食进口贸易格局及优化［J］．商业经济研究，2021（11）：153 – 155．

［131］田伟，杨璐嘉，姜静．低碳视角下中国农业环境效率的测算与分析——基于非期望产出的SBM模型［J］．中国农村观察，2014（5）：59 – 71 + 95．

［132］田云，尹忞昊．技术进步促进了农业能源碳减排吗？——基于回弹效应与空间溢出效应的检验［J］．改革，2021（12）：45 – 58．

［133］万宝瑞．加快提高我国农业竞争力的思考［J］．农业经济问题，2016，37（4）：4 – 8．

［134］汪良军，童波．收入不平等、公平偏好与再分配的实验研究［J］．管理世界，2017（6）：63 – 81．

［135］王宝义，张卫国．中国农业生态效率的省际差异和影响因素——基于1996 – 2015年31个省份的面板数据分析［J］．中国农村经

济，2018（1）：46－62.

［136］王宝义.中国农业生态化发展的综合评价与系统诊断［J］.财经科学，2018：107－120.

［137］王兵，郑璟，刘锦銮，等.广东省不同地区稻田甲烷排放的差异性及其模型估计［J］.气象与环境科学，2018，41（3）：39－46.

［138］王超群.乡村振兴战略下的乡村文化产业研究［J］.赤峰学院学报（汉文哲学社会科学版），2020，41（1）：105－108.

［139］王东波，张海莹，宋保胜.黄河流域农业生态效率评价与比较分析［J］.安徽农学通报，2022，28（2）：141－144.

［140］王钢，钱龙.新中国成立70年来的粮食安全战略：演变路径和内在逻辑［J］.中国农村经济，2019（9）：15－29.

［141］王高峰，黄志昌."净零排放"需打造低碳生态圈［J］.能源，2021（12）：42－44.

［142］王浩.促进乡村特色产业高质量发展［J］.农村·农业·农民（A版），2019（9）：1.

［143］王会，姜雪梅，陈建成，等."绿水青山"与"金山银山"关系的经济理论解析［J］.中国农村经济，2017（4）：2－12.

［144］王佳宁，白静，罗重谱.中国经济社会发展主要指标更迭及"十三五"重要指标述评［J］.改革，2016（6）：6－21.

［145］王劼，朱朝枝.农业碳排放的影响因素分解与脱钩效应的国际比较［J］.统计与决策，2018，34（11）：104－108.

［146］王镜淳，穆月英.空间溢出视角下农业技术进步对城乡收入差距的影响研究——以河南省县域为例［J］.农业现代化研究，2022，43（6）：1017－1028.

［147］王璞.新能源汽车原材料涨价背后，"碳索"供应链净零排放［J］.中华环境，2022（4）：42－45.

［148］王前进，王希群，陆诗雷，等.生态补偿的政策学理论基础与中国的生态补偿政策［J］.林业经济，2019，41（9）：3－15＋40.

［149］王倩，高翠云.公平和效率维度下中国省际碳权分配原则分析

[J]. 中国人口·资源与环境，2016，26（7）：53 - 61.

[150] 王雯慧. 食品溯源：亟需建立全产业链［J］. 中国农村科技，2018（1）：49 - 51.

[151] 王兴春，张焰. 美需要核能帮助实现净零排放［J］. 国外核新闻，2021（7）：2.

[152] 王学婷，张俊飚. 双碳战略目标下农业绿色低碳发展的基本路径与制度构建［J］. 中国生态农业学报（中英文），2022，30（4）：516 - 526.

[153] 王轶，刘蕾. 从“效率”到“公平”：乡村产业振兴与农民共同富裕［J］. 中国农村观察，2023（2）：144 - 164.

[154] 王玉玲，施琪. 破解乡村特色文化产业的发展困境［J］. 人民论坛，2022（4）：82 - 84.

[155] 王志涛，张瑞芳. 数字化背景下农业全产业链发展分析［J］. 植物学报，2022，57（5）：721.

[156] 王国峰，钱子玉，石瑞. 中国农业生态效率研究热点和趋势分析［J］. 中国农业资源与区划，2023，44（10）：20 - 31.

[157] 韦宝婧，胡希军，朱满乐，等. 基于 CiteSpace 的我国绿色生态网络研究热点与趋势［J］. 经济地理，2021，41（9）：174 - 183.

[158] 韦黎莎. 基于云计算的食品安全监管信息化建设［D］. 长春：吉林大学，2015.

[159] 魏婕，杨超. 黄河中上游西北地区水资源的利用效率时空演变与驱动因素［J］. 宁夏社会科学，2022，236（6）：143 - 152.

[160] 魏玮，文长存，崔琦，等. 农业技术进步对农业能源使用与碳排放的影响——基于 GTAP - E 模型分析［J］. 农业技术经济，2018（2）：30 - 40.

[161] 吴昊平，秦红杰，贺斌，等. 基于碳中和的农业面源污染治理模式发展态势刍议［J］. 生态环境学报，2022，31（9）：1919 - 1926.

[162] 吴晓婷. 共同富裕视域下乡村产业高质量发展探析——基于全国乡村产业高质量发展典型案例考察［J］. 乡村论丛，2022（2）：57 - 63.

[163] 伍浩松，张焰. 巴克莱强调核能在实现净零排放目标中的作用

[J]．国外核新闻，2021（6）：3．

[164] 伍骏骞，阮建青，徐广彤．经济集聚、经济距离与农民增收：直接影响与空间溢出效应 [J]．经济学（季刊），2017，16：297-320．

[165] 武永强．甘肃省金昌市循环农业发展模式研究 [D]．兰州：兰州大学，2016．

[166] 希区客．阻止全球变暖，我们可能忽略了甲烷 [J]．世界科学，2021（10）：24．

[167] 陈秧分，王国刚．乡村产业发展的理论脉络与政策思考 [J]．经济地理，2020，40（9）：145-151．

[168] 肖卫东．特色产业赋能乡村振兴的内在逻辑与行动路径 [J]．理论学刊，2023（1）：117-126．

[169] 信猛，陈菁泉，彭雪鹏，等．农业碳排放驱动因素——区域间贸易碳排放转移网络视角 [J]．中国环境科学，2023，43（03）：1460-1472．

[170] 邢中先，张平．新中国70年来的农业生态文明建设：历史回顾与未来展望 [J]．农业经济，2020（6）：3-5．

[171] 徐彬，周明天．低碳视角下产业集聚对农业环境效率的影响研究 [J]．价格理论与实践，2022，6（20）：1-5．

[172] 徐李璐邑．城镇化进程中的粮食安全问题：一个研究综述 [J]．农业现代化研究，2020，41（4）：557-567．

[173] 徐瑞蓉．生命共同体理念下流域生态产品市场化路径探索 [J]．学术交流，2020（12）：102-110．

[174] 徐维祥，郑金辉，周建平，等．资源型城市转型绩效特征及其碳减排效应 [J]．自然资源学报，2023，38（1）：39-57．

[175] 徐雯，张锦华．政策性农业保险的碳减排效应——来自完全成本保险和收入保险试点实施的证据 [J]．保险研究，2023（2）：20-33．

[176] 徐亚东，张应良．新征程中全方位夯实粮食安全根基的深刻内涵与关键举措 [J]．西北农林科技大学学报（社会科学版），2023，23（4）：95-103．

[177] 许世杰，薛选登．黄河流域沿线省区农业环境效率研究——基

于非期望产出视角的 SBM 模型 [J]. 洛阳师范学院学报, 2022, 41 (6): 6 – 10.

[178] 薛彩霞, 李园园, 胡超, 等. 中国保护性耕作净碳汇的时空格局 [J]. 自然资源学报, 2022, 37 (5): 1164 – 1182.

[179] 闫明涛, 乔家君, 瞿萌, 等. 河南省农业生态效率测度、空间溢出与影响因素研究 [J]. 生态与农村环境学报, 2022, 3 (1): 1 – 13.

[180] 燕继荣. 反贫困与国家治理——中国"脱贫攻坚"的创新意义 [J]. 管理世界, 2020, 36 (4): 209 – 220.

[181] 杨爱君, 范志方. 电子商务助力农产品稳价保供的途径分析——以贵州省为例 [J]. 农业经济, 2018 (10): 134 – 136.

[182] 杨翠红, 林康, 高翔, 等. "十四五"时期我国粮食生产的发展态势及风险分析 [J]. 中国科学院院刊, 2022, 37 (8): 1088 – 1098.

[183] 杨钧. 农业技术进步对农业碳排放的影响——中国省级数据的检验 [J]. 软科学, 2013, 27 (10): 116 – 120.

[184] 杨莉莎, 朱俊鹏, 贾智杰. 中国碳减排实现的影响因素和当前挑战——基于技术进步的视角 [J]. 经济研究, 2019, 54 (11): 118 – 132.

[185] 杨明, 陈池波, 钱鹏, 等. 双循环背景下中国粮食安全: 新内涵、挑战与路径 [J]. 国际经济合作, 2020 (6): 103 – 114.

[186] 杨骞, 徐青. 长江经济带与黄河流域水资源绿色效率比较研究 [J]. 经济与管理评论, 2022, 38 (5): 49 – 62.

[187] 杨啸, 刘丽, 解淑艳, 等. 我国甲烷减排路径及监测体系建设研究 [J]. 环境保护科学, 2021, 47 (2): 51 – 55 + 70.

[188] 杨志良, 姜安印. 小农户与乡村特色产业的包容性衔接及其路径研究 [J]. 农林经济管理学报, 2021, 20 (2): 249 – 255.

[189] 姚成胜, 殷伟, 黄琳, 等. 中国粮食生产与消费能力脆弱性的时空格局及耦合协调性演变 [J]. 经济地理, 2019, 39 (12): 147 – 156.

[190] 姚君, 任中贵. "十四五"时期资源型城市转型绩效考评体系构建研究 [J]. 理论探讨, 2022 (4): 174 – 178.

[191] 姚文捷. 中国省际牲畜甲烷排放的宏观经济分析 [J]. 生态经

济，2020，36（9）：188－193.

［192］叶兴庆. 迈向 2035 年的中国乡村：愿景、挑战与策略［J］. 管理世界，2021，37（4）：98－112.

［193］易小燕，尚惠芳，邹秦琦，等. 全产业链视角下农业绿色生态补贴环节与策略［J］. 中国农业资源与区划 2023，44（3）：89－95.

［194］于宏源，刘璐莹. 面向全球 1.5 度温控时代的中美气候变化合作［J］. 能源，2021（12）：64－67.

［195］余泳泽，容开建，苏丹妮，等. 中国城市全球价值链嵌入程度与全要素生产率——来自 230 个地级市的经验研究［J］. 中国软科学，2019，341（5）：80－96.

［196］曾贤刚，段存儒. 煤炭资源枯竭型城市绿色转型绩效评价与区域差异研究［J］. 中国人口·资源与环境，2018，28（7）：127－135.

［197］张灿强，付饶. 基于生态系统服务的乡村生态振兴目标设定与实现路径［J］. 农村经济，2020（12）：42－48.

［198］张长江，陈雨晴，王宇欣. 长三角城市群生态效率的时空分异及影响因素研究［J］. 南京工业大学学报（社会科学版），2021，20（3）：95－108＋110.

［199］张殿宫. 吉林省乡村特色产业发展研究［D］. 长春：吉林大学，2010.

［200］张海鹏. 中国城乡关系演变 70 年：从分割到融合［J］. 中国农村经济，2019（3）：2－18.

［201］张红宇，陈良彪，胡振通. 构建农业农村优先发展体制机制和政策体系［J］. 中国农村经济，2019：16－28.

［202］张景鸣，张滨. 黑龙江省农业温室气体排放核算方法［J］. 统计与咨询，2017（2）：14－16.

［203］张克俊，杜婵. 从城乡统筹、城乡一体化到城乡融合发展：继承与升华［J］. 农村经济，2019（11）：19－26.

［204］张克俊，高杰. 乡村振兴视域下的城乡要素平等交换：特征、框架与机理［J］. 东岳论丛，2020，41（7）：163－171，192.

［205］张宽，邓鑫，沈倩岭，等．农业技术进步、农村劳动力转移与农民收入——基于农业劳动生产率的分组 PVAR 模型分析［J］．农业技术经济，2017（6）：28 - 41．

［206］张琳．农村电商全产业链运营管理研究［J］．中国农业资源与区划，2022，43（12）：201 + 225．

［207］张露，罗必良．贸易风险、农产品竞争与国家农业安全观重构［J］．改革，2020（5）：25 - 33．

［208］张露，罗必良．农业减量化：农户经营的规模逻辑及其证据［J］．中国农村经济，2020：81 - 99．

［209］张梦朔，张平宇，李鹤．资源型城市经济转型绩效特征与评价方法——基于东北地区的实证研究［J］．自然资源学报，2021，36（8）：2051 - 2064．

［210］张赛，周路阔，李玉辉，等．浅析乡村特色产业的发展措施——以郴州烟叶产业为例［J］．山西农经，2019（2）：60 - 61 + 63．

［211］张希良，黄晓丹，张达，等．碳中和目标下的能源经济转型路径与政策研究［J］．管理世界，2022，38（1）：35 - 66．

［212］张学智，王继岩，张藤丽，等．中国农业系统甲烷排放量评估及低碳措施［J］．环境科学与技术，2021，44（3）：200 - 208．

［213］张亚斌，范子杰．国际贸易格局分化与国际贸易秩序演变［J］．世界经济与政治，2015（3）：30 - 46，156 - 157．

［214］张杨，陈娟娟．农业生态效率的国际比较及中国的定位研究［J］．中国软科学，2019：165 - 172．

［215］张义博．新时期中国粮食安全形势与政策建议［J］．宏观经济研究，2020（3）：57 - 66 + 81．

［216］张友国，白羽洁．区域差异化"双碳"目标的实现路径［J］．改革，2021（11）：1 - 18．

［217］张赟．基于非期望产出 SBM 模型及面板 Tobit 模型对中国农业生态效率的实证分析——以陕甘宁青四地区为例［J］．海南金融，2018（2）：17 - 28．

［218］张志伟，钱雪萍，傅俊，等．全球温控目标下我国工业碳减排路径选择与国际经验借鉴［J］．商展经济，2022（13）：161－163.

［219］赵敏娟，石锐，姚柳杨．中国农业碳中和目标分析与实现路径［J］．农业经济问题，2022（9）：24－34.

［220］赵明正，赵翠萍，李天祥，等．"零增长"行动背景下中国化肥使用量下降的驱动因素研究——基于 LMDI 分解和面板回归分析［J］．农业技术经济，2019（12）：118－130.

［221］赵培，郭俊华．共同富裕目标下乡村产业振兴的困境与路径——基于三个典型乡村的案例研究［J］．新疆社会科学，2022（3）：169－177.

［222］赵荣钦，黄贤金，郧文聚，等．碳达峰碳中和目标下自然资源管理领域的关键问题［J］．自然资源学报，2022，37（5）：1123－1136.

［223］赵文平，吕姣倩，张闻功．数据赋能、外部知识搜索与服务业企业转型绩效——战略一致性的调节作用［J］．管理现代化，2023（1）：91－98.

［224］中华人民共和国国务院新闻办公室．关于中美经贸摩擦的事实与中方立场［N］．人民日报，2018－09－25（010）.

［225］钟甫宁．正确认识粮食安全和农业劳动力成本问题［J］．农业经济问题，2016，37（1）：4－9＋110.

［226］钟文，严芝清，钟昌标，等．兼顾公平与效率的区域协调发展能力评价［J］．统计与决策，2021，37（10）：175－179.

［227］钟钰，普蓂喆，刘明月，等．新冠肺炎疫情对我国粮食安全的影响分析及稳定产量的建议［J］．农业经济问题，2020（4）：13－22.

［228］周立，李彦岩，罗建章．合纵连横：乡村产业振兴的价值增值路径——基于一二三产业融合的多案例分析［J］．新疆师范大学学报：哲学社会科学版，2020，41（1）：63－72＋2.

［229］周立，李彦岩，王彩虹，等．乡村振兴战略中的产业融合和六次产业发展［J］．新疆师范大学学报：哲学社会科学，2018，39（3）：16－24.

［230］周韬，戴宏伟．我国两大流域经济带高质量发展的空间分异及

优化路径 [J]. 甘肃社会科学, 2022, 258 (3): 208 – 217.

[231] 周天军, 陈晓龙.《巴黎协定》温控目标下未来碳排放空间的准确估算问题辨析 [J]. 中国科学院院刊, 2022, 37 (2): 216 – 229.

[232] 周一凡, 李彬, 张润清. 县域尺度下河北省农业碳排放时空演变与影响因素研究 [J]. 中国生态农业学报 (中英文), 2022, 30 (4): 570 – 581.

[233] 朱晶, 臧星月, 李天祥. 新发展格局下中国粮食安全风险及其防范 [J]. 中国农村经济, 2021 (9): 2 – 21.

[234] 朱启臻. 乡村振兴背景下的乡村产业——产业兴旺的一种社会学解释 [J]. 中国农业大学学报 (社会科学版), 2018, 35 (3): 89 – 95.

[235] 左其亭, 张志卓, 马军霞. 黄河流域水资源利用水平与经济社会发展的关系 [J]. 中国人口·资源与环境, 2021, 31 (10): 29 – 38.

[236] Abbaspou, N. Nutritional adequacy: integration of food security, food system efficiency, sociocultural determinants, precision nutrition, sustainability, and ecosystem quality [J]. Current Developments in Nutrition, 2021, 5 (2): 619.

[237] Abedullah, Kouser S, Qaim M. Bt Cotton, pesticide use and environmental efficiency in Pakistan [J]. Journal of Agriculutural Economics, 2015 (1): 66 – 86.

[238] Ali, S., Ying, L., Nazir, A., et al. Rural farmers perception and coping strategies towards climate change and their determinants: Evidence from khyber pakhtunkhwa province, pakistan [J]. Journal of Cleaner Production, 2021, 291: 125250.

[239] Arrow K. J.. Social choice and individual values [M]. Wiley, New York, Yale University Press, 1951.

[240] Jourdan Bell, Paul B. DeLaune, et al., Carbon sequestration and water management in Texas—One size does not fit all [J]. Agrosystems, Geosciences & Environment, 6 (2), e20372. https://doi.org/10.1002/agg2.20372

[241] Berlemann, M., Steinhardt, M F. Climate change, natural disas-

ters, and migration—a survey of the empirical evidence [J]. CESifo Economic Studies, 2017, 63 (4): 353 – 385.

[242] Cao X C, Zeng W, Wu M Y, et al. Hybrid analytical framework for regional agricultural water resource utilization and efficiency evaluation [J]. Agricultural Water Management, 2020, 231: 106027.

[243] Crippa, M., Solazzo, E., Guizzardi, D., et al. Food systems are responsible for a third of global anthropogenic GHG emissions [J]. Nature Food, 2021, 2 (3): 198 – 209.

[244] DeAngelo J, Azevedo I, Bistline J, et al. Energy systems in scenarios at net-zero CO_2 emissions [J]. Nature Communications, Berlin: Nature Portfolio, 2021, 12 (1): 6096.

[245] Gebremariam G, Tesfaye W. The heterogeneous effect of shocks on agricultural innovations adoption: Microeconometric evidence from rural Ethiopia [J]. Food Policy, 2018, 74: 154 – 161.

[246] Gene, M., Grossman, Alan B., Krueger. Economic growth and the environment [J]. The Quarterly Journal of Economics, 1995, 110 (2).

[247] Georgiadis, G., Johannes G. Real exchange rates and trade protectionism since the financial crisis [J]. Review of International Economics, 2016, 24 (5): 1050 – 1080.

[248] Georgios georgiadis, Johannes gräb. Growth, Real exchange rates and trade protectionism since the financial crisis [J]. Review of International Economics, 2016, 24 (5).

[249] Guo L S, Li X, Wang L F. Economic size and water use efficiency: an empirical analysis of trends across China [J]. Water Policy, 2022, 24 (1): 117 – 131.

[250] He Y, Wang H, Chen R, et al.. The Forms, channels and conditions of regional agricultural carbon emission reduction interaction: A provincial perspective in China [J]. International Journal of Environmental Research and Public Health, 2022, 19 (17): 10905.

［251］Huang C, Yin K D, Liu Z, et al. Spatial and temporal differences in the green efficiency of water resources in the yangtze river economic belt and their influencing factors ［J］. International Journal of Environmental Research and Public Health, 2021, 18 (6): 3101.

［252］Huang M, Zeng L, Liu C, et al. Research on the eco-efficiency of rice production and its improvement path: A case study from China ［J］. International Journal of Environmental Research and Public Health, 2022, 19 (14): 8645.

［253］Huang Y J, Huang X K, Xie M N, et al. A study on the effects of regional differences on agricultural water resource utilization efficiency using super-efficiency SBM model ［J］. Scientific Reports, 2021, 11 (1): 9953.

［254］Jiao H, Yang F, Wang P, et al. Research on data-driven operation mechanism of dynamic capabilities-Based on analysis of digital transformation process from the data lifecycle management ［J］. China Industrial Economics, 2021 (11): 174 – 192.

［255］Kim, T. -J., Tromp, N. Analysis of carbon emissions embodied in South Korea's international trade: Production-based and consumption-based perspectives ［J］. Journal of Cleaner Production, 2021: 320.

［256］Liang X D, Li J C, Guo G X, et al. Evaluation for water resource system efficiency and influencing factors in western China: A two-stage network DEA-Tobit model ［J］. Journal of Cleaner Production, 2021, 328: 129674.

［257］Liu S, He P, Dan J. Evaluation of industry eco-industrialization: case study of Shaanxi, China ［J］. International Journal of Computer Systems Science & Engineering, 2018, 33 (5): 389 – 395.

［258］Li Xu, Guirui Yu, Nianpeng H E. Increased soil organic carbon storage in Chinese terrestrial ecosystems from the 1980s to the 2010s ［J］. Journal of Geographical Sciences, 2019, 029 (001): 49 – 66.

［259］Li Y, Chiu Y H, Li Y S, et al. Dynamic analysis of residential and enterprise water supply and leakage efficiencies ［J］. Environmental Science and

Pollution Research, 2021, 28 (29): 39471 – 39492.

[260] Lv T G, Liu W D, Zhang X M, et al. Spatiotemporal evolution of the green efficiency of industrial water resources and its influencing factors in the Poyang Lake region [J]. Physics and Chemistry of the Earth, 2021, 124: 103049.

[261] Matarazzo M, Penco L, Profumo G, et al. , Digital transformation and customer value creation in Made n Italy SMEs: A dynamic capabilities perspective [J], Journal of Business Research, 20221, 123: 642 – 656.

[262] Meierrieks, Daniel. Weather shocks, climate change and human health [J]. World Development, 2021, 138. 105228.

[263] Mohammadi A, Venkatesh G, Eskandari S, et al. Eco-Efficiency analysis to improve environmental performance of wheat production [J]. Agriculture, 2022, 12 (7): 1031.

[264] Mohtar R H, Fares A. The future of water for food [J]. Frontiers in Sustainable Food Systems, 2022, 6: 880767.

[265] Mullins, J T. , White, C. Temperature and mental health: Evidence from the spectrum of mental health outcomes [J]. Journal of health economics, 2019, 68: 102240.

[266] Okun A M. Potential GNP: Its measurement and significance, American statistical association, 1962: 89 – 104 [C]. Alexandria, VA: American Statistical Association, 1962.

[267] Peters G P, Andrew R M, Canadell J G, et al. . Key indicators to track current progress and future ambition of the Paris Agreement [J]. Nature Climate Change, 2017, 7 (2): 118 – 122.

[268] Rafał B, Jerzy B. Eco efficiency as part of sustainable farm development [J]. Acta Universitatis Lodziensis. Folia Oeconomica, 2019, 2 (341): 23 – 42.

[269] Rasoolizadeh, M. , Salarpour, M. , Borazjani, M. A, et al. Eco-efficiency analysis of selected tropical fruit production systems in Iran [J]. International Journal of Environmental Science and Technology, 2022 (7): 13.

［270］Rodhe, H. A Comparison of the contribution of various gases to the greenhouse effect ［J］. Science, 1990, 248 (4960): 1217 – 1219.

［271］Rogelj J, Schaeffer M, Meinshausen M, et al.. Zero emission targets as long-term global goals for climate protection ［J］. Environmental Research Letters, IOP Publishing, 2015, 10 (10): 105007.

［272］Shi C F, Zeng X Y, Yu Q W, et al. Dynamic evaluation and spatio-temporal evolution of China's industrial water use efficiency considering undesirable output ［J］. Environmental Science and Pollution Research, 2021, 28 (16): 20839 – 20853.

［273］Tollefson J. IPCC says limiting global warming to 1.5 °C will require drastic action ［J］. Nature, 2018, 562 (7726): 172 – 173.

［274］Tone K. A slacks-based measure of efficiency in data envelopment analysis ［J］. European Journal of Operational Research, 2001, 130 (3): 498 – 509.

［275］Tone K, Tsutsui M. Dynamic DEA with network structure: A slacks-based measure approach ［J］. Omega-International Journal of Management Science, 2014, 42 (1): 124 – 131.

［276］Vlotman W F, Ballard C. Water, food and energy supply chains for a green economy ［J］. Irrigation and Drainage, 2014, 63 (2): 232 – 240.

［277］Wang, G., Liao, M., Jiang, J. Research on agricultural carbon emissions and regional carbon emissions reduction strategies in China ［J］. Sustainability, 2020, 12 (7).

［278］Wang J. Application of IOT in exploring the development path of the whole agricultural industry chain under the perspective of ecological environment ［J］. Mobile Information Systems, 2022.

［279］Wang K L, Wang J G, Wang J M, et al. Investigating the spatio-temporal differences and influencing factors of green water use efficiency of Yangtze River Economic Belt in China ［J］. Plos One, 2020, 15 (4): e0230963.

［280］Wang, Q., Liu, Y., Wang, H.. Determinants of net carbon emissions embodied in Sino-German trade ［J］. Journal of Cleaner Production,

2019, 235, 1216-1231.

[281] Wu W P, Zhu Y F, Zeng W K, et al. Green efficiency of water re-
sources in Northwest China: Spatial-temporal heterogeneity and convergence
trends [J]. Journal of Cleaner Production, 2021, 320: 128651.

[282] Xu C, Han X, Bol R, et al. Impacts of natural factors and farming
practices on greenhouse gas emissions in the North China Plain: A meta-analysis
[J]. Ecology & Evolution, 2017, 7 (17): 6702 – 6715.

[283] Xu, X., Wang, Q., Ran, C., et al. Is burden responsibility more
effective? A value-added method for tracing worldwide carbon emissions. Ecological
Economics, 2021, 181.

[284] Yang Y. Evaluation of China's water-resource utilization efficiency based
on a DEA-Tobit two-stage model [J]. Water Supply, 2021, 21 (4): 1764 – 1777.

[285] Zhou K, Zheng X, Long Y, et al. Environmental Regulation, Rural
ResiÔdents' Health Investment, and Agricultural Eco-Efficiency: An Empirical
Analysis Based on 31 Chinese Provinces [J]. International Journal of Environ-
mental Research and Public Health, 2022, 19 (5): 3125.